SANG ET MORT
AU
GUATEMALA

SÉRIE LE MERCENAIRE

N° 1 ŒIL POUR ŒIL

AXEL KILGORE

LE MERCENAIRE

SANG ET MORT AU GUATEMALA

TRADUIT ET ADAPTÉ DE L'AMÉRICAIN
PAR RENÉ BALDY

PLON

TITRE ORIGINAL :
THE SLAUGHTER RUN

Photo de la couverture : VLOO

ISBN : 2-259-01176-4

Édition originale :
ISBN : 0-8217-1152-0
ZEBRA BOOKS
Kensington Publishing Corp

CHAPITRE PREMIER

Hank Frost fit rouler sous son pouce la molette de son briquet tempête, un vieux Zippo bosselé. Il alluma une Camel puis aspira longuement. La fumée mélangée à l'air vif lui racla les bronches et il jeta sa cigarette qui s'éteignit en formant un petit trou dans la neige. Le vent s'était mis à souffler par violentes rafales, arrachant la poudreuse aux flancs de la montagne. A l'ouest, le soleil déclinant coulait une chape de cuivre jaune sur un bosquet de sapins isolé.

Frost se baissa pour ajuster ses fixations. Un tiraillement au creux des reins lui rappela l'intervention subie un mois plus tôt à Zurich. Il ne voulait pas se faire opérer pour cette histoire de vertèbres déplacées lors d'un plastiquage au Burundi mais Bess avait insisté. Elle avait pris tous les rendez-vous pour lui et, au bout du compte, il avait cédé.

Bess... Déjà deux semaines que son travail l'avait rappelée à Londres...

Frost commençait à trouver les nuits longues avec son traversin pour seule compagnie. Il n'en pouvait plus de cette convalescence prolongée dans la petite station de sports d'hiver au-dessus de Flims. Les Grisons ne manquaient pas de pittoresque, ce n'était pas cela, mais en quinze jours, Frost avait l'impression d'avoir vu chaque paysage plus d'une centaine de fois. Quant au ski, ça n'avait jamais été son fort et, malgré sa forme retrouvée, il n'avait guère progressé.

Contrairement aux rares acharnés qui descendaient encore les pistes à cette heure tardive, Frost n'était pas là pour le plaisir. D'ailleurs, la piste balisée se trouvait à plus de deux cents mètres dans son dos. A midi, le réceptionniste de l'hôtel lui avait remis un message anonyme qui lui fixait rendez-vous près du bosquet.

Première réaction, ne pas donner suite. Mais, très vite, la curiosité et surtout, le besoin d'action avaient eu le dessus. Après tout, le mystérieux correspondant avait peut-être une mission susceptible d'intéresser celui qui se surnommait « Le Mercenaire ». Et puis, sans être véritablement fauché, Frost avait sérieusement entamé son avoir. Il lui restait en tout et pour tout un peu moins de sept mille dollars, son Browning High Power chromé, son couteau de combat Gerber MK-I et une garde-robe dont il n'aurait même pas osé faire l'aumône à une œuvre de bienfaisance. L'aspect financier d'une éventuelle transaction n'était donc pas à négliger.

Frost prit un mouchoir dans sa poche et essuya sa moustache brune givrée par sa respiration. Lorsqu'il se baissa pour boucler sa deuxième fixation, une bourrasque le frappa de plein fouet. Il sentit son front et ses joues se tendre comme une peau de tambour et grinça des dents. En se redressant, l'œil embué de larmes, il crut entendre un « pop » semblable au bruit d'un bouchon de champagne. La décompression ? Le vent dans ses oreilles ?

Non. Presque aussitôt, il perçut un autre « pop » étouffé. Cela venait du bosquet.

Frost mit ses lunettes, enfila ses gants et, à grand-peine, remonta en escalier pour dominer le petit massif de conifères. Si ses oreilles ne l'avaient pas trompé, un minimum de prudence s'imposait. Il n'avait aucune envie de se jeter tête baissée au milieu d'un règlement de comptes.

Il lui fallut une bonne minute pour atteindre sa position. D'instinct, il se palpa le mollet pour vérifier que son couteau était en place puis scruta le bouquet d'arbres. Derrière ses lunettes, son œil vert étincelait sous les derniers feux du soleil. A gauche, le bandeau noir qui couvrait son œil crevé lui donnait l'air inquiétant d'un vieux boucanier.

D'abord, le Mercenaire ne vit rien. Puis il aperçut le mouvement rapide d'une forme noire en découpe sur le tapis de neige immaculée. Il se pencha en avant pour mieux distinguer, perdit l'équilibre et son ski aval se déroba sous lui. Il essaya de se retenir à l'aide de ses bâtons mais la pente l'entraîna irrésistiblement et il acheva sa glissade au pied d'un sapin qui lui déversa sur la tête plusieurs kilos de neige fraîche.

Frost s'ébroua, récupéra vivement son équilibre et regarda. La forme noire, à droite du bosquet, était un homme en combinaison de ski. Il tenait à la main un automatique à canon fin prolongé par un silencieux. En une fraction de seconde, Frost rentra la tête dans les épaules, planta ses bâtons dans la neige et s'élança vers l'individu. Surpris, l'autre leva son arme, tenta d'ajuster la cible... Trop tard. Frost le percuta comme un obus et l'envoya valser au sol. Au passage, il jeta un coup d'œil sur sa gauche. Il capta l'image fugace d'un autre homme armé et d'une silhouette gisant à plat ventre, la tête auréolée de neige sanglante. Frost entendit un claquement sec dans son dos et un bout d'écorce l'atteignit derrière la nuque. Un projectile qui lui était destiné avait dû rencontrer un arbre. Rassemblant toutes ses compétences en ski, il vira vers le bosquet qu'il traversa en slalomant puis rejoignit la piste.

La pente était raide, une de ces pentes auxquelles il ne se serait pas frotté, tout au moins pas à cette vitesse. Mais il n'avait pas le choix. Les deux haies de sapins qui maintenant bordaient la piste lui donnaient un air encore plus abrupt. Dès qu'il jugea la distance suffisante, Frost s'arrêta dans un christiania honnête et regarda derrière lui. Il n'entendait plus les coups de feu mais l'un des tueurs continuait à le canarder sans aucune chance de l'atteindre à travers les arbres. Pendant ce temps, l'autre chaussait ses skis. Frost s'élança à nouveau et prit la position de l'œuf en coinçant les bâtons sous ses bras comme il l'avait vu faire par les skieurs expérimentés.

Tout en descendant à tombeau ouvert, il analysa la situation. Deux hommes venaient d'en abattre un troisième, probablement celui qui lui avait donné rendez-vous. Qui étaient-ils ? Que voulaient-ils ? Il l'ignorait. Si les meurtriers étaient des tueurs à gages, des membres de la Maffia ou autre organisation criminelle, il avait des chances de s'en tirer. Ce genre d'individus étaient rarement recrutés sur la base de leurs qualités sportives. En revanche, s'il s'agissait d'agents secrets — du KGB, par exemple —, il risquait fort de tomber sur des skieurs plus aguerris que lui.

Il lança un regard par-dessus son épaule. Le poursuivant était sur la piste et semblait gagner du terrain. Si ce gars-là était capable de lâcher ses bâtons et de tirer sans s'arrêter, Frost n'en avait plus pour longtemps. Il lui fallait ruser pour se retrouver à armes égales.

Virant à gauche, il s'enfonça dans la bordure de sapins et laissa échapper un juron. Les arbres étaient plus serrés que dans le bosquet et les branches lui giflaient le visage. Bien sûr, son œil unique — son point le plus vulnérable — était protégé par les lunettes, n'empêche qu'il n'aimait pas cela. Pas du tout. Il s'immobilisa au bout d'une cinquantaine de mètres puis, le plus soigneusement possible, remonta sur ses traces et s'arrêta vingt mètres plus haut pour faire croire qu'il avait poursuivi sa course.

Frost sortit son couteau Gerber, trancha les dragonnes de ses bâtons et s'en servit pour fixer le manche de sa petite dague à la poignée de l'un des bâtons. Puis il testa la solidité de son javelot de fortune. Cela paraissait satisfaisant.

Il avait tout juste terminé son bricolage lorsqu'il entendit un léger craquement derrière lui. Il se retourna. L'homme à la combinaison noire était là, le pistolet braqué à hauteur de sa poitrine. Pas le temps d'élaborer une tactique sophistiquée. Le javelot à la main, Frost plongea en avant. Par réflexe, l'adversaire esquissa un pas chassé mais trébucha à cause de ses skis. Un coup de feu claqua, amorti par le silencieux. Le projectile scarifia le sapin auquel Frost était adossé un instant plus tôt. La pointe du couteau Gerber se planta dans la cage thoracique de l'homme, ratant son objectif : la gorge.

Sans même un cri de douleur, le tueur tomba à la renverse. Levant un ski pour tenter de faire barrage, il lâcha son arme pour se protéger le visage d'une main et le cou de l'autre. D'un coup sec, Frost extirpa son javelot de la blessure sanguinolente et, cette fois, le plongea nettement dans la gorge de son agresseur. L'homme mourut sans un râle, dans un silence affreux.

Frost se releva et, machinalement, s'essuya le front d'un revers de gant. Puis il enleva ses skis et se pencha sur le cadavre. La lame de la dague lui avait cloué la main sur la gorge. Lorsque le mercenaire reprit son arme pour l'essuyer sur les vêtements de sa victime, un flot de sang tiède jaillit sur la neige et y creusa de petits entonnoirs incarnat de forme semblable aux trous que certains mollusques laissaient dans le sable des plages à la marée descendante.

Tous les sens en éveil, Frost guetta l'arrivée de l'autre tueur. Consultant régulièrement la trotteuse sur le cadran noir de son Omega, il attendit dix minutes sans bouger. Le froid commençait à lui mordre la peau à travers sa tenue de ski. Il observa minutieusement les alentours. Rien. Visiblement, c'était à la station que le second individu allait organiser le comité d'accueil.

Le Mercenaire s'agenouilla dans la neige et releva les lunettes du mort. C'était un homme de petite taille, au teint plutôt mat. Une mèche très brune dépassait de sa cagoule. Maigres indices pour établir son origine. Une seule chose était sûre : il n'avait pas le type nordique. Le regard de Frost s'arrêta sur la bouche grande ouverte et les traits déformés par un rictus de souffrance. Il se demanda si l'homme n'avait pas succombé à une commotion plutôt qu'à ses blessures.

Il ramassa le pistolet et le passa en revue. C'était un Colt Woodsman, le modèle d'après guerre, à canon de 4,3/4 inches. Le silencieux était un Sionics. Il restait quatre cartouches dans le chargeur, des 22 Long Rifle. A la place du numéro de série, il ne trouva qu'une constellation de petits trous forés à l'aide d'une mèche fine. Cela ne le surprit pas. C'était une façon comme une autre de rendre une arme anonyme.

Ensuite, le Mercenaire entreprit une fouille des poches. Là aussi, maigre résultat : un chargeur de rechange pour l'automatique et un couteau de l'armée suisse. Pas de papiers, naturellement. Frost enleva les gants du cadavre qui commençait à raidir. Le bout des goigts était couvert d'entailles entrecroisées. Soit le tueur agait été garçon charcutier et extrêmement maladroit, soit il avait tout fait pour maquiller ses empreintes digitales.

Frost se releva. Il empocha le silencieux et le chargeur entamé et engagea le chargeur neuf dans l'arme qu'il glissa ensuite sous sa ceinture. Puis il détacha son couteau Gerber du bâton de ski, le rengaina et repartit vers la station à une allure raisonnable.

Arrivé en bas, il repéra au moins une douzaine d'hommes vêtus de combinaisons noires ou foncées. Presque tous portaient des lunettes et avaient le visage masqué à cause du froid pénétrant. Frost déchaussa ses skis et, d'un pas nonchalant, se dirigea vers un râtelier où il les rangea avant d'entrer dans un café-restaurant moderne, au pied de la station des télécabines.

La clientèle était rare : quelques couples de jeunes qui flirtaient après l'exercice physique de la journée et préparaient le terrain pour un autre exercice. Frost louvoya entre les tables, héla un garçon et lui demanda de lui apporter un grog sur la terrasse qui dominait la station. L'homme considéra d'un œil interloqué ce grand borgne échevelé qui voulait se faire servir à l'extérieur par ce froid polaire. Puis il haussa les épaules et alla passer la commande. Frost poussa la porte qui s'ouvrait dans une grande baie vitrée et sortit sur la terrasse. Il faisait un tour d'horizon lorsque le serveur vint lui apporter une chope fumante. Il régla puis alla s'accouder à la balustrade en humant les vapeurs du grog brûlant qui, presque instantanément, lui mirent le feu aux joues.

En bas, une demi-douzaine de silhouettes en tenues foncées auraient pu être celle du deuxième homme. D'autres formes sombres, plus lointaines, dévalaient encore les pistes : les skieurs chevronnés capables de s'offrir une dernière descente au crépuscule. « Ou des cinglés inconscients de ce qu'ils risquent », songea silencieusement Frost.

Son regard redescendit vers la station. C'est alors qu'il repéra un couple. L'homme le montrait du doigt à une femme d'allure jeune, vêtue d'un fuseau noir et d'un anorak bleu ciel. La capuche qui lui enveloppait la tête cachait son visage et ses cheveux. Mais, aucun doute, l'homme trapu avec cagoule et combinaison noires étaient bien le second assassin. Il désignait Frost ouvertement, sans prendre la peine de se dissimuler. Etait-il fou ou simplement assez sûr de lui pour que la discrétion lui paraisse superflue ? En tout cas, si ces deux-là pensaient lui régler son compte comme une fleur, il leur souhaitait bien du plaisir...

D'un pas ondulant, la femme s'avança vers l'entrée du café puis s'arrêta, leva les yeux en direction de Frost et lui fit un petit signe. Bizarre. Frost voulait en savoir plus. Il répondit au salut. D'un geste de la main, la femme lui indiqua de l'attendre. Le Mercenaire traversa la terrasse, ouvrit la porte et commanda un deuxième grog.

Il venait tout juste de poser les chopes sur une table et de payer le garçon lorsque l'inconnue fit son apparition. Elle enleva sa capuche et abaissa de quelques centimètres la fermeture Eclair de son anorak, dévoilant le haut d'un col roulé blanc. Plutôt jolie, elle avait des cheveux blonds coupés court et une lueur enjôleuse brillait au fond de ses prunelles bleu pervenche. Frost la détailla d'un rapide coup d'œil et la trouva sexy dans son fuseau et ses après-ski fourrés.

Un petit sourire aux lèvres, elle attaqua en allemand, tout en enlevant le gant de sa main gauche :

— Je ne pense pas que nous nous connaissions, monsieur... euh ?

— Non, répondit Frost. Et croyez bien que je le regrette, mademoiselle... euh... ?

— Vraiment ? demanda-t-elle d'un ton badin.

— Vraiment, répondit Frost en lui tendant une chope.

— Ouh ! C'est chaud mais ça fait du bien, dit la jeune fille en buvant une gorgée de grog.

Frost l'imita puis demanda :

— Pourquoi vouliez-vous me voir ?

— Vous n'en avez pas une petite idée ?

— Si. C'est probablement à cause de l'incident qui s'est produit là-haut sur les pentes.

Nouveau sourire, assorti d'une œillade assassine.

— Exactement. De deux choses l'une, vous êtes soit un amateur très inspiré, soit un grand professionnel.

Frost s'esclaffa :

— Je vous laisse choisir.

Il tapota son paquet de Camel et proposa une cigarette à la jeune femme qui refusa d'un signe de tête. Il en alluma une pour lui, souffla la fumée par les narines puis relança :

— Alors ? Votre conclusion ?

— Je ne sais pas. Mais quel que soit le cas, vous êtes en très fâcheuse posture, monsieur... euh... ?

— Je l'avais compris, mademoiselle... euh... ? Et vous avez l'intention de me draguer puis de m'entraîner dans un endroit où vous pourrez me faire disparaître discrètement, c'est cela ?

— Quelle clairvoyance ! minauda la jeune

blonde. Maintenant, je vais être obligée de trouver autre chose...

— Eh bien asseyons-nous et parlons-en, proposa Frost. Entre gens de bonne compagnie, on arrive parfois à s'entendre.

— Ça me va.

Frost s'assit. La jeune fille s'installa face à lui et croisa les mains sur la table. La gauche était nue, l'autre toujours gantée. Le Mercenaire savait maintenant d'où le danger allait venir. Il prit soin de garder ses distances.

— Je crois que j'ai une solution pour vous, enchaîna-t-il. Vous pourriez attendre que les derniers clients aient vidé les lieux puis m'abattre et filer en sautant la balustrade.

— Je me casserais le cou. C'est trop haut. Le saut n'a jamais été mon fort.

— Cela prouve que ma clairvoyance n'est pas toujours infaillible. Figurez-vous qu'en vous regardant approcher, je me disais justement : « Cette jolie jeune fille a l'air d'une remarquable sauteuse. »

Frost estimait que le petit jeu avait assez duré. L'air satisfait de sa mauvaise boutade, il se pencha en avant et fit le geste de saisir sa chope de grog. La garce fut plus rapide. En un éclair, elle arracha le gant de sa main droite et tenta de happer celle de Frost. Comme il s'y attendait, elle portait à l'annulaire une bague équipée d'une aiguille empoisonnée. Il lui attrapa le poignet et tordit sèchement jusqu'à la limite du point de rupture. De la main droite, il récupéra in extremis la chope bousculée.

De l'autre côté de la baie, il aperçut un jeune couple, intrigué par leur étrange manège, qui venait de tourner la tête vers eux. Sans lâcher le poignet de la fille, il reposa la chope sur la table puis se leva et, tel un amoureux, lui prit l'autre main.

— Lâchez-moi ! gémit-elle. Vous me faites mal.

— C'est ça ! Pour que tu me plantes ta saloperie dans la viande, hein ?

Lentement, le Mercenaire se pencha sur elle et l'embrassa tout en lui appliquant les deux paumes l'une contre l'autre. Il vit, à un centimètre de son visage, les yeux bleus se dilater, saisis d'horreur. La fille poussa un petit râle et mourut presque aussitôt, foudroyée par le cyanure. Sans cesser de l'embrasser, Frost l'installa sur la chaise de manière qu'elle ne s'effondre pas. Puis il se recula, fit mine de lui murmurer quelque chose de tendre, lui adressa un signe d'adieux et s'en alla, l'air heureux.

A l'extérieur, il chercha l'autre homme du regard mais ne le vit pas. A espérer qu'il était seul, mais rien ne le prouvait... Frost se dirigea d'un pas rapide vers la station de télécabines. Un câble sans fin montait vers le sommet, tandis que l'autre faisait la navette avec Flims. C'était là qu'il comptait aller pour récupérer sa voiture de location et filer sur Zurich où il pourrait demander l'aide de ses amis de la CIA. Il tendit un ticket au contrôleur, franchit le tourniquet et prit pied sur la plateforme. Les rares clients étaient massés du côté de la descente. A cette heure, il n'y avait plus d'amateur pour le sommet.

Frost se retourna pour un coup d'œil de contrôle. Bien lui en prit. L'homme à la combinaison noire accourait vers la station, flanqué de deux acolytes. Bon Dieu, mais ils proliféraient comme des lapins en liberté ! Combien allait-il devoir en supprimer pour être enfin tranquille ?

Rien en direction de Flims, mais une cabine allait partir dans le sens de la montée. Frost n'avait pas le choix. Il sauta à bord au dernier moment. Il calcula que si ses poursuivants attrapaient la prochaine cabine, cela lui donnait cinq minutes d'avance. Mais que faire en arrivant au sommet ? La nuit était tombée maintenant et, malgré le ciel constellé d'étoiles, il aurait du mal à se repérer. De toute façon, la possibilité d'une descente rapide à l'aveuglette était exclue puisqu'il avait laissé ses skis au râtelier. Déjà, la cabine arrivait au premier pylône. Frost regarda vers la station. Trois hommes embarquaient dans la cabine suivante. Il était trop loin pour identifier à coup sûr les petites silhouettes mais il savait que c'étaient eux.

L'inspiration lui vint au moment où il franchissait le second pylône. Il s'allongea au fond de la cabine pour ne pas faire une cible trop facile, arracha le gant de sa main gauche qu'il se coinça entre les dents, sortit le Colt Woodsman et revissa le silencieux. Dès que ce fut fait, il remit l'arme dans sa ceinture et s'accroupit pour regarder dehors. Il arrivait déjà au niveau du troisième pylône, un peu plus tôt qu'il ne l'avait prévu. Pas le temps de tergiverser. Il ouvrit rapidement la porte et sauta.

Sous la poussée de ses pieds, la cabine eut une réaction qu'il aurait dû prévoir. Elle oscilla. Frost perdit l'équilibre. Vivement, le gant toujours entre les dents, il s'accrocha à un longeron du pylône et poussa aussitôt un cri de douleur. Sa main nue était collée au métal gelé.

Le Mercenaire serra les dents. Il fallait résister à l'impulsion naturelle. Surtout ne pas tirer, sinon il allait laisser sa peau sur le longeron. Lentement, il se hissa à la force du bras droit et s'installa à califourchon sur le longeron. La position était précaire. Il passa le bras autour d'un montant vertical pour s'assurer une prise plus solide puis enleva le gant de sa main droite en le coinçant sous sa cuisse et en prenant garde, cette fois, à ne pas toucher le métal.

Il ouvrit sa braguette, sortit son pénis et se vida la vessie sur la main gauche. Le jet d'urine réchauffant momentanément le métal lui permit de récupérer sa main sans se mutiler la paume. C'était un truc utilisé par les explorateurs polaires qui, probablement, le tenaient eux-mêmes des Esquimaux. Et cela marchait !

Frost se félicita d'y avoir pensé, rangea son appareil d'arrosage, s'essuya les mains sur son pantalon et enfila ses gants. La cabine qui transportait les trois poursuivants grossissait à vue d'œil. Mais plus question de suivre son plan et de les attendre là pour les prendre par surprise. Ils avaient dû repérer le balancement insolite de sa propre cabine et éventer le piège.

Du plus vite que le lui permettaient les longerons couverts de givre, le Mercenaire descendit. Cinq mètres. Dix mètres. Quinze mètres. La cabine approchait. Frost se lâcha et atterrit dans la neige. Un coup de gong accompagné d'une douleur fulgurante explosa dans son crâne. Il avait heurté le bas du pylône. Les étoiles se mirent à danser une ronde folle dans le ciel. La structure du pylône, les câbles, la voie lactée défilèrent à toute allure dans son champ de vision puis il s'immobilisa sur le dos dans la neige gelée.

Le claquement des projectiles sur les longerons du pylône le ramena à la réalité. Frost attrapa une poignée de neige qu'il s'écrasa sur le visage. Cela le secoua et il se sentit mieux. L'un des tueurs était en haut du pylône. Frost le prit dans sa ligne de mire et pressa la détente. Mouche au premier coup. Le cadavre disloqué s'abattit tout près de lui, au pied de la grande construction métallique.

Le Mercenaire sentit une coulée poisseuse entre ses omoplates. Du sang. Il avait dû s'ouvrir le cuir chevelu dans sa chute. Il espéra qu'il n'y avait rien de plus grave mais n'eut guère le temps de s'attarder sur son état. Un deuxième homme venait d'ouvrir la porte de la cabine et essayait de le coucher. Frost ne lui laissa même pas le temps d'ouvrir le feu. Il tira deux projectiles coup sur coup et vit nettement une grande tache rouge se former sur la cagoule du tireur en herbe qui s'écroula à la renverse sur le plancher de la cabine.

Restait le troisième. Mais la cabine s'éloignait lentement. Frost le distinguait très bien mais pour l'avoir, il lui aurait fallu percer la bulle de plexiglass. Il n'y songeait même pas avec des balles de 22. Mais... Mais oui, il y avait l'autre. Celui qui était tombé. Frost s'approcha du cadavre. Le retourna avec des gestes frénétiques. Oui, il avait encore le poing crispé sur son arme, un Walther P-38 K 9 mm équipé d'un gros silencieux. Malgré la douleur qui lui taraudait la nuque, le Mercenaire ne put s'empêcher de sourire. Il s'empara du pistolet, le pointa vers la cabine et vida le chargeur. Les balles criblèrent le plexiglass, y dessinant de petits trous d'une découpe presque parfaite. A l'intérieur, le dernier agresseur se transforma en une charpie sanglante puis en un tas sans forme.

Frost souffla. Il était à bout de forces. La douleur dans son crâne ne faisait que s'amplifier. Il jeta dans la neige le Walther inutile puis le Woodsman. Même si la bagarre était passée inaperçue, l'arrivée de la cabine au sommet n'allait pas manquer de créer une certaine sensation et il ne tenait pas à se faire prendre avec ces armes compromettantes. Il enleva un gant et se passa la main dans les cheveux. Ils étaient trempés de sang.

Lentement, il fit volte-face et, d'un pas lourd, commença à descendre vers la station. Il n'y avait rien d'autre à faire. Arrivé là-bas, il improviserait. Avant de remettre son gant, il consulta son Omega. Elle indiquait 22 h 54.

***

Frost entendait craquer ses chevilles et ses rotules. Il sentait ses membres se raidir. Son pied gauche était complètement anesthésié, sans doute en train de geler... Dans sa tête, la douleur avait disparu. D'ailleurs, il n'éprouvait plus de douleur nulle part, seulement une immense impression de froid. Depuis combien de temps marchait-il ? Il ne savait pas. Il ne savait plus rien. Son univers était devenu le froid, le froid tout-puissant qui colonisait chaque fibre de son corps.

Stupidement, il essaya de se rappeler la règle de

conversion des degrés Fahrenheit en degrés centrigrades mais n'y parvint pas. Un pylône se dressait un peu plus loin. Lequel était-ce ? Impossible de le dire.

Combien de sang avait-il perdu ? Il lui semblait voir le monde à travers une vitre, comme s'il avait été déconnecté de la réalité. Maintenant, la neige paraissait bleue comme un océan, non comme une grande tache d'encre, sous la clarté blafarde de la lune. L'homme au bandeau noir essayait de ne pas penser. Il fallait marcher, marcher comme une mécanique. C'était sa seule chance de survie. Ses genoux fléchirent. Il trébucha, tomba mollement en avant, tenta de se relever... Rien à faire, ses muscles ne répondaient plus à sa volonté. Dans un dernier sursaut de conscience, Frost comprit qu'il allait crever là, comme un rat. Le nez dans la neige, il ne voyait pas la station mais il savait qu'elle était à quelques dizaines de mètres, peut-être moins...

CHAPITRE II

Frost s'éveilla, dérangé par une forte odeur de pharmacie. Il était allongé, l'esprit embrumé, mais se sentait presque bien. Il avait chaud et cela lui semblait bon, très bon. Une légère douleur lui causait un élancement à l'arrière du crâne mais c'était très supportable. Il ouvrit l'œil et son regard rencontra un tube fluorescent fixé à un plafond blanc cassé. Ebloui, il referma vivement la paupière mais il voyait encore la forme du tube en vert sur fond noir, comme imprimée en négatif sur sa rétine.

— *Goddam shit !* grogna-t-il.

— Vous êtes anglais ? demanda une voix masculine, apparemment plus rodée à la langue de Goethe qu'à celle de Shakespeare.

— Non, américain, répondit Frost machinalement.

Il s'assit sur son lit, lutta un instant pour maîtriser un étourdissement puis tourna la tête vers l'homme qui avait parlé. C'était un grand flic rougeaud, assis près de la porte. Le flic se leva, ferma le *Play Boy* qu'il était en train de feuilleter et s'approcha du lit, jetant au passage son magazine sur une table de formica vert pâle.

— On peut dire que vous revenez de loin, monsieur, euh... ?

— Frost. Hank Frost. Pouvez-vous me dire où je suis ?

— A l'hôpital.

— Merci, je m'en étais rendu compte. Mais encore ?

— A Coire, chef-lieu du canton des Grisons. Vous avez été retrouvé inanimé à cent cinquante mètres de la station intermédiaire des télécabines, au-dessus de Flims.

— Quelle heure était-il ?

— Un peu plus de minuit, je crois.

— Et maintenant ?

— Euh... 4 h 10 du matin, répondit le flic après avoir consulté sa montre.

« Sacrés Suisses ! » songea Frost intérieurement. Le bonhomme devait brûler d'envie de le questionner sur le carnage de la télécabine, mais l'hospitalité avant tout...

— Il n'aurait pas fallu que les secours arrivent un quart d'heure plus tard, enchaîna l'énorme policier. Vous ne seriez probablement plus de ce monde. Vous aviez les extrémités presque gelées et une belle entaille au-dessus de la nuque. Il a fallu vous frictionner avec des révulsifs et vous faire quatre points de suture au cuir chevelu. Les fils seront retirés dans une dizaine de jours.

L'allusion était claire : ces messieurs de la police helvétique ne comptaient pas le laisser repartir comme ça.

— Merci, dit Frost. Je vous dois une fière chandelle.

— Oh, pas à moi, fit modestement le flic. Ce sont les secouristes de Flims qui vous ont amené ici. Mais, puisque vous êtes citoyen américain, vous voudrez peut-être que nous contactions votre consulat à Zurich...

— J'allais justement vous le demander.

— Très bien, monsieur Frost. Je m'en occupe.

Petit hochement de tête et le policier fit volte-face. Il sortit dans le couloir et Frost l'entendit s'entretenir avec un collègue. De plus en plus clair : on n'était pas décidé à le laisser filer. Frost espéra que son nom provoquerait un déclic chez celui qu'ils allaient joindre au consulat. Si leur correspondant transmettait l'information par la bonne filière, l'affaire pouvait être réglée. Dans le cas contraire, Frost aurait du fil à retordre pour se tirer de là. Mais d'abord, y avait-il une permanence de nuit au consulat ? Les flics suisses pouvaient très bien tomber sur un répondeur.

N'ayant rien de mieux à faire, le Mercenaire décida de prendre son mal en patience. Pour commencer, il récupéra son bandeau sur la table de chevet et le remit en place. Ensuite, son Omega. Il était 4 h 15 et Frost savait que, de toute façon, il avait un bon moment à attendre.

La porte s'ouvrit. Le flic rentra, attrapa une chaise en plastique par le dossier et s'assit près du lit.

— Je ne voudrais pas être indiscret, monsieur Frost, dit-il en indiquant le bandeau noir, mais... c'est à la suite d'un accident ?

Un sourire étira les lèvres du Mercenaire et la peau tannée de son visage se plissa en un faisceau de rides.

— Ça vous intrigue, n'est-ce pas ?

— Franchement, oui, répondit le Suisse.

— J'ai l'habitude. Tout le monde me pose la question. Mais croyez-moi, vous allez être déçu. C'est une histoire beaucoup plus banale que vous ne le pensez.

Visiblement, le policier n'en croyait rien. Il était pendu aux lèvres de Frost.

— Voilà, reprit ce dernier. Cela remonte à... Non, je ne saurais même plus dire l'année tellement c'est ancien. J'étais encore étudiant et je m'étais fiancé avec une jeune fille. Si vous l'aviez vue... Une beauté rare. Vos pin-up de *Play Boy* pourraient faire figure de petits boudins à côté de ce qu'elle était...

— Sans blague ? souffla le flic, médusé, en tournant instinctivement le regard vers la couverture du magazine.

— Ma parole ! assura Frost. Nous avions décidé de nous marier en juin, à la fin de l'année universitaire. Le temps était splendide. Claudia et moi... Claudia, c'était son nom. Je disais donc que Claudia et moi, nous avions choisi de faire célébrer la cérémonie en plein air. Cela se fait parfois chez nous. Naturellement, j'avais acheté un costume, une chemise blanche et une très belle cravate de soie. Claudia, elle, avait choisi une robe blanche, garnie de dentelles. Quand je l'ai vue à l'essayage je... Non, c'est impossible à raconter. Elle était si belle, ma Claudia, si désirable. Vous savez, je... Je me suis demandé si je pourrais tenir jusqu'à la nuit de noces !

— Je vous comprends, approuva le flic avec un sourire complice.

— Malheureusement...

— Oui ? fit le flic, presque hatelant.

— Malheureusement, juste au moment où le pasteur allait nous unir pour le meilleur et pour le pire, un orage effroyable a éclaté. Amoureux comme nous étions, nous nous en moquions, sûr. Et puis, « mariage pluvieux, ménage heureux », dit le proverbe. Et c'est là que le drame s'est produit. Nous étions détrempés. Ma cravate mouillée s'est mise à rétrécir. Je la sentais qui me serrait le cou. Je ne pouvais pratiquement plus respirer. J'avais l'impression que mes yeux allaient sortir de leurs orbites. Eh bien, c'est ce qui est arrivé...

— Non ?

— Mais si. Véridique. Au moment où nous allions prononcer le « oui » fatidique, mon œil gauche a sauté et a atterri au milieu d'une corbeille de fleurs.

— Pas possible ! s'exclama le flic, incrédule.

— C'est pourtant la triste vérité. Voyant cela, ma pauvre Claudia s'est évanouie dans les bras du témoin. Quant à moi, on m'a transporté d'urgence à l'hôpital.

— Vous... vous plaisantez ?

— Pas du tout. Notez que mes parents ont attaqué le fabricant de cravates et que ça lui a coûté chaud en dommages et intérêts. Mais on aurait pu m'offrir des milliards que ça ne m'aurait pas consolé. Ma Claudia était perdue à tout jamais. Elle était complètement traumatisée et avait pris en grippe non seulement les cravates mais tous les vêtements quels qu'ils soient. Elle refusait de s'habiller et passait ses journées entièrement nue.

Une lueur égrillarde traversa le regard du flic. Frost poursuivit :

— Ses parents lui ont fait suivre une longue cure dans un hôpital psychiatrique. Sans aucun effet. Finalement, elle a refait sa vie avec le témoin qui l'avait reçue dans ses bras. Ils ont ouvert un camp naturiste aux Bahamas. Oh, je ne leur en ai pas voulu... J'ai même gardé le contact avec eux. Je sais qu'il ont vécu heureux pendant quelques années. Puis un jour, Claudia a rompu parce que son amant lui avait offert un collier de perles pour son anniversaire. Et voilà. Tout ça à cause d'une cravate de mauvaise qualité ! Vous vous rendez compte ?

Malgré un QI peut-être pas très élevé, le brave policier commençait à flairer le bluff. Il fit la moue et regarda Frost d'un œil sceptique. Mais le mercenaire ne sut pas s'il avait marché ou non car, à cet instant, on frappa à la porte.

— Entrez, dit le policier.

Un petit homme rond et chauve, vêtu d'un loden, s'avança dans la chambre, un chapeau à la main. Un autre personnage entra à sa suite. Plus grand, les épaules carrées, il portait une garbardine pliée sur le bras. Frost n'aurait su dire pourquoi mais il le catalogua immédiatement : un Américain.

A la vue du petit homme, le policier se leva, l'air mal à l'aise, rafla son *Play Boy* sur la table et, maladroitement, tenta de le dissimuler derrière son dos.

— Veuillez nous laisser seuls, demanda le petit homme.

Le grand flic hocha la tête et s'éloigna à reculons vers le couloir. Dès qu'il eut fermé la porte, le petit chauve reprit :

— Vous êtes le capitaine Hank Frost ?

— C'est bien moi.

— Je suis Volker Matterhorn, directeur de la police de Coire. Et voici M. Halston qui m'a été envoyé par le consulat américain de Zurich.

Un homme du consulat ? Déjà ? Et avec le directeur de la police locale... Frost se demanda si cela annonçait de bonnes ou de mauvaises nouvelles.

— Enchanté, répondit-il.

Puis il regarda sa montre, se tourna vers Halston et fit observer :

— Il n'est que cinq heures moins le quart. La police a dû vous téléphoner entre 4 h 10 et 4 h 20... Comment avez-vous fait ? Vous avez pris un supersonique ?

— Non. J'étais ici depuis près de deux heures. Je m'entretenais avec Herr Matterhorn, qui a eu l'amabilité de...

— Je vous laisse vous expliquer, coupa Matterhorn d'un ton sec. M. Halston j'attends de vos nouvelles.

Puis il fit demi-tour et sortit sans saluer. Frost entendit des échos de conversation de l'autre côté de la porte puis des claquements de semelles qui s'éloignaient dans le couloir de l'hôpital. Halston s'assit sur la chaise que le flic avait placée près du lit et regarda Frost en souriant.

— Eh bien, capitaine Frost, on dirait que vous vous êtes distingué, cette nuit. Je suis venu ici dès que nous avons appris ce qui s'était passé. L'homme retrouvé près de la station de télécabines n'avait pas de papiers sur lui mais, étant donné la description physique et quelques éléments d'information que nous détenons, nous savions que c'était vous.

— Mais qui êtes-vous au juste ? Sûrement pas un diplomate.

— Je travaille pour le Département d'Etat américain, service de sécurité, dit Halston en exhibant une carte que Frost jugea authentiquement authentique.

— Et Matterhorn sait qui vous êtes ?

— Bien sûr que non. Officiellement, je représente le gouvernement des Etats-Unis. Mais je suppose que vous attendez quelques explications sur ma présence ici.

— En effet, répondit Frost. Dites-moi, vous n'auriez pas quelque chose à fumer ?

— Si. Tenez, vous pouvez les garder.

Halston tendit un paquet de Ernte 23 et une petite boîte d'allumettes. Frost se dit qu'un Américain résidant en Suisse et qui fumait cette affreuse camelote devait forcément être un peu fêlé. Il alluma néanmoins une cigarette en gardant sa réflexion pour lui. La première bouffée lui brûla les intérieurs et lui tourna la tête. Il souffla la fumée âcre puis, son allumette à la main, chercha un cendrier du regard. Il n'y en avait pas. Halston se retourna, vit sur la table une soucoupe qui devait servir à poser les pots de fleurs, la prit et la plaça sur la table de chevet.

— Merci, dit Frost. Je vous écoute.

Halston s'éclaircit la voix.

— Voilà. Je n'irai pas par quatre chemins. Je suis ici pour vous proposer un marché. Pour le moment, vous êtes dans de sales draps.

— Tiens ? répondit Frost en baissant le regard vers son lit. Je n'avais pas remarqué.

— Capitaine Frost, j'aimerais pouvoir parler sérieusement !

— Très bien. Je vais être sage.

De nouveau, Halston s'éclaircit la voix. Puis il reprit :

— Si vous acceptez ma proposition, je peux régler votre affaire à l'amiable avec la police suisse.

Frost regarda son interlocuteur avec un sourire goguenard.

— A l'amiable ? Ce n'est pas ce qu'il m'avait semblé à l'état d'humeur de M. Matterhorn..

Halston se dérida à son tour.

— Disons que... je lui ai un peu forcé la main. De toute façon, ses ordres viennent de plus haut. Il n'a pas le choix. Et nous avons largement de quoi influencer ses supérieurs.

— Un moyen de pression sur les autorités helvétiques ! On aura tout vu ! s'exclama le Mercenaire.

— Appelez ça comme vous voudrez, dit Halston. Vous savez aussi bien que moi que beaucoup de choses sont possibles quand on détient certaines informations confidentielles.

— Bien sûr... Bien sûr..., approuva le Mercenaire. Et maintenant, si nous attaquions les choses sérieuses ? Alors, ce marché ?

Frost tira une longue bouffée sur sa Ernte 23,

aspira la fumée jusqu'au fond des poumons puis la souffla par le nez. Le tabac lui parut déjà moins raide. Finalement, quand on n'était pas trop difficile, on se faisait à tout. Il tapota sa cendre au-dessus de la soucoupe. L'homme du Département d'Etat croisa les jambes, se racla la gorge pour la troisième fois et commença :

— D'abord, une petite récapitulation. L'homme qui a été abattu dans la montagne au-dessus de Flims était Esteban Armendariz, le beau-frère du général Alvaro Montesinos qui...

— Qui dirige la junte militaire en place au Guatemala, compléta Frost. Pas mal !

— Comme vous dites. Il se trouvait en Suisse d'une part, pour conclure un *deal* d'armes et d'autre part, pour vous contacter.

— J'avais reçu un message, en effet, mais il n'était pas signé. Et vous, vous savez ce que me voulait ce monsieur Armendariz ?

— *Colonel* Armendariz, précisa l'homme du Département d'Etat. Oui, nous le savons. Il venait vous demander d'assurer la protection de Montesinos.

— Rien que ça ! J'avoue que quelque chose m'échappe. Un général avec toute une armée derrière lui ne se fait pas protéger par un mercenaire. D'où tenez-vous ce renseignement ?

Halston eut un petit sourire.

— En ce qui concerne nos sources, vous concevrez aisément que je préfère garder le secret. Mais je puis vous garantir qu'elles sont sûres.

Frost rabattit draps et couvertures et s'assit sur le

bord du lit. On lui avait enfilé un pyjama blanc de tissu raide qui ressemblait à un kimono.

— Ouf ! souffla-t-il. J'ai presque trop chaud, maintenant.

— L'effet des révulsifs, dit Halston. Mais pour en revenir au général Montesinos, les attentats contre lui se multiplient de façon hallucinante. Des guérilleros d'obédience cubaine sont entrés dans le pays par le Yucatan et ils ont installé des campements très difficiles à repérer dans la jungle du Petén.

— Mais Montesinos a son armée pour s'occuper de ces lascars, observa le Mercenaire.

Il tira une bouffée sur sa Ernte 23 puis se leva pour aller écraser le mégot dans la soucoupe.

— C'est justement là qu'il y a un hic, exposa Halston. Le général Montesinos pense que certains de ces attentats ont été commandités ou organisés par ses collaborateurs, qui sont presque tous des militaires. En fait, il ne faisait plus confiance qu'à deux hommes : son beau-frère, Esteban Armendariz, et le général Miguel Pañero qui est également un de ses parents par alliance et qui, depuis la mort d'Armendariz, est devenu le N° 2 de la junte.

— On ne sort pas de la famille, à ce que je vois. Ce général Miguel Pañero est aussi le beau-frère de Montesinos ?

— C'est un peu plus compliqué que ça. Armendariz avait épousé Francisca, la sœur Montesinos. Il y a trois mois, elle a été enlevée alors qu'elle participait à un gala de bienfaisance. Le lendemain, au petit jour, son cadavre a été retrouvé sur le parvis de la Catedral Metropolitana, en plein cœur de la capitale. Il était difficile d'accuser les guérilleros. Mais les recherches n'ont pas abouti. C'est là que Montesinos s'est mis à concevoir ses premiers soupçons vis-à-vis de son entourage politique.

— Et Pañero ?

— Il est marié à Ursula, la sœur d'Esteban Armendariz.

— Elle a quelque chose à voir dans l'affaire ?

— Je ne crois pas. C'est plutôt le genre salope. Elle ne pense qu'à ses toilettes et à ses conquêtes masculines. Il paraît qu'elle fait des ravages.

— Je vois, soupira le Mercenaire. Je vais avoir du mal à m'y retrouver dans ce sac de nœuds. C'est tout en ce qui concerne la famille du général ?

— Non. Il reste Estefania, sa nièce, la fille d'Esteban et Francisca Armendariz. Elle est étudiante et ne s'occupe pas de politique.

— Si elle tient à sa peau, ça se conçoit, philosopha le Mercenaire.

— Je vous en parle parce qu'elle loge au palais avec son oncle. Vous serez peut-être amené à la rencontrer. Le général Pañero et sa femme habitent aussi au palais. Montesinos voulait avoir ses deux hommes de confiance près de lui.

— Je crois que je commence à me repérer, dit Frost. En bref, le général Montesinos à des démêlés avec les guérilleros communistes d'une part et d'autre part, soupçonne la préparation d'un putsch militaire.

— Oui, un *pronunciamiento*, comme ils disent là-bas.

— Et que vient faire le Département d'Etat dans cette affaire ? demanda Frost.

Halston croisa les jambes dans l'autre sens, posa un coude sur son genou et se massa un instant le menton entre le pouce et l'index avant de répondre :

— Vous n'ignorez pas que l'Amérique Centrale est considérée comme une zone sensible, très sensible. Le Guatemala est à la porte du Mexique et le Mexique est à la porte des Etats-Unis. Vous devez deviner le reste.

Frost avait des fourmis dans les jambes et dans les chevilles. Il se mit à faire les cent pas, nu-pieds sur le dallage de plastique en damier noir et blanc.

— Parfaitement bien, répondit-il. Vous craignez une invasion communiste au Guatemala puis une infiltration progressive vers le Mexique. D'où menace directe sur notre beau pays.

Il s'approcha de la chaise et laissa tomber un regard amusé sur son interlocuteur.

— Ça n'a rien de comique, dit Halston en fronçant les sourcils. Et c'est pour cette raison même que nous redoutons aussi le putsch. Nous ne voulons pas d'un régime affaibli. Ce serait déjà la porte ouverte à une prise de pouvoir par les guérilleros. De plus, nous avons d'assez bons rapports avec la junte de Montesinos. Nous préférons qu'elle reste en place.

— Bien sûr... Vous ne tenez pas à vous retrouver face à un homme comme le colonel Arbenz. Les temps ont changé et il serait sans doute moins facile de l'obliger à démissionner...

— Je vois que vous connaissez votre histoire, commenta Halston avec une petite moue pincée.

— Dans ma profession, ça peut servir. Si j'ai

bien compris, vous voulez intervenir au Guatemala mais par la bande de préférence.

— C'est ça. Nous avons eu notre content de publicité avec le Salvador et la Grenade. Nous tenons à rester dans l'ombre.

— Qu'attendez-vous de moi ? questionna Frost.

Halston se racla la gorge pour la énième fois. Décidément, c'était un tic. Ou bien il couvait une bonne grippe.

— Que vous fassiez semblant d'avoir vu Armendariz avant sa mort — personne ne pourra prouver le contraire — et que vous acceptiez la proposition qu'il venait vous transmettre. Mais vous travailleriez pour notre compte. Votre mission consisterait à commander un groupe d'une douzaine de mercenaires, comme prévu dans le contrat initial, et à surveiller le général jour et nuit. Parallèlement, vous nous informeriez de toutes les activités suspectes observées dans l'entourage de Montesinos. Et, naturellement, vous seriez chargé de démasquer le ou les traîtres.

— Je suppose que c'est vous qui m'imposeriez les douze mercenaires en question...

— Effectivement, nous préférons nous charger de les sélectionner. Mais ce seront des hommes de grande valeur. D'ailleurs, étant donné votre ancienneté dans la profession, vous les connaîtrez presque tous.

Frost se planta devant la fenêtre et écarta le rideau. Une aube grise commençait à poindre sur Coire. Il allait neiger avant la fin de la journée.

— Et qu'est-ce que ça me rapporte ? demanda-t-il en se retournant brusquement vers Halston.

— Votre liberté. Ça ne vous suffit pas? Si vous refusez, je vous laisse aux mains de Herr Matterhorn. A vous de vous débrouiller avec la justice suisse. Au vu des chefs d'accusation qui seront retenus contre vous, vous avez toutes les chances de croupir en prison jusqu'à la fin de vos jours...

La réplique de Frost claqua dans la chambre d'hôpital :

— Vous savez ce que c'est? Du chantage! Et vous, vous savez ce que vous êtes?

— Je..., bredouilla l'homme du Département d'Etat.

— Une ordure, Halston, vous êtes une ordure! Une sale pourriture de bureaucrate qui use ses pantalons sur son fauteuil en magouillant des combines où ce sont toujours les autres qui se font tuer. Un salaud qui, la journée finie, digère son dîner en regardant les cadavres défiler sur le petit écran pendant le bulletin d'information. Mais vous savez qui c'est, ces cadavres? C'est moi et mes copains! Ceux qui se font étriper ou couper en morceaux, c'est nous, ou des gars comme nous! Tenez, vous me donnez envie de dégueuler...

Halston était blême. Il n'avait jamais rencontré Frost et ne s'attendait pas à ce genre de réaction. Pour lui, tous les mercenaires étaient des minables juste bons à faire de la chair à canon. C'étaient de pauvres types paumés, incapables d'aligner deux idées cohérentes mais qui pouvaient commettre n'importe quelle atrocité, faire n'importe quel sale boulot, pour peu qu'ils y trouvent un avantage financier ou en nature.

— Enfin, capitaine Frost, prononça-t-il d'une

voix bégayante, essayez de... garder votre sang-froid ! Je... Je vous propose un marché honnête. Je... Je pensais que vous sauriez voir où étaient vos intérêts...

— Merci de vous faire autant de souci pour moi, monsieur Halston, lança Frost d'une voix ricanante. Je sais parfaitement où sont mes intérêts dans l'état actuel des choses et ce n'est pas ça qui m'empêchera de vous dire ce que je pense ! D'ailleurs, vous allez comprendre tout de suite comment je me situe dans le métier. J'accepte votre proposition, mais à trois conditions.

— Je vous écoute, dit Halston d'une voix presque chevrotante.

Il était toujours assis, jambes croisées. Ses mains serrées sur un genou étaient exsangues aux jointures des phalanges.

— Voilà, reprit Frost d'un ton plus calme. J'accepte à condition que le général Montesinos soit digne de la protection qu'il me demande. En un mot comme en cent, qu'il œuvre pour le bien-être de son peuple et non pour son bien-être personnel en écrasant tout ce qui s'oppose à ses intérêts immédiats. La protection des dictateurs, ce n'est pas mon rayon.

— Je pense qu'il vous fera bonne impression, affirma Halston, sentant naître en lui un regain d'espoir.

— Je demande à voir. Je jugerai sur pièce.

— Mais il me faut votre accord préalable pour demander votre libération à Matterhorn ! J'ai des instructions très précises sur ce point.

— Pas question ! répondit Frost. Vous n'aurez qu'à aller négocier ça avec vos chefs.

— Je... j'essaierai. Et les autres conditions ?

— Deuxième condition, enchaîna Frost en se remettant à arpenter la pièce, les mercenaires que vous placerez sous mes ordres devront avoir de solides états de service. Je ne tiens pas à me retrouver à la tête d'une douzaine de billes incapables de se battre ou de prendre une décision en cas d'urgence !

— Sur ce plan-là, je pense que vous serez satisfait. Les hommes seront triés sur le volet.

— Idem, je demande à voir.

— Et la troisième condition ? s'enquit nerveusement l'homme du Département d'Etat.

— Ce sera la plus facile à remplir. Vous vous imaginez que je vais risquer ma vie pour des prunes alors que vous avez autant de fric que vous voulez ? Non mais ce n'est pas sérieux, monsieur Halston ! Pas sérieux du tout. Je demande cinquante mille dollars par semaine avec un acompte immédiat de vingt mille dollars pour mes frais. Le gouvernement guatémaltèque n'est pas aussi riche que vous. Si Montesinos me plaît et que j'accepte le travail qu'il me propose, ça me permettra de lui faire une petite ristourne. Vous pigez le topo ? Vous me confiez une mission, vous avez du pognon, il est normal que vous casquiez.

— Je... Je vais voir ce que je peux faire, dit Halston en se levant et en se dirigeant vers la porte. Attendez-moi ici.

— Essayez de ne pas trop traîner, répondit Frost. La patience n'est pas ma qualité première.

Halston était déjà dans le couloir. La porte se referma derrière lui. Le Mercenaire alluma une Ernte 23 et s'efforça de se calmer en marchant autour de la pièce. Tout en fumant, il se demanda s'il n'y avait pas été un peu fort avec Halston. En s'y prenant de façon moins abrupte, il aurait peut-être réussi à imposer ses conditions plus facilement.

Oh, et puis on ne se refaisait pas. Il était comme ça, impulsif. Tant pis pour l'amour-propre de M. Halston. Finalement, il considéra que ce n'était pas une si mauvaise façon d'aborder la négociation. Il avait dit clairement ce qu'il avait à dire. Le partenaire savait à quoi s'en tenir. De toute manière, il n'était pas décidé à reculer. Jamais il n'avait accepté de faire n'importe quel travail dans n'importe quelles conditions, que ce soit pour le Département d'Etat, pour la CIA ou pour monsieur Tartempion.

Et si Halston se cassait le nez auprès de ses supérieurs... ? C'était fâcheux. Frost repensa à Matterhorn et à son expression de colère rentrée. Il était clair que la police suisse n'était pas dans de bonnes dispositions à son égard. Un procès était synonyme de condamnation pour le meurtre des trois types de la télécabine. Et qui sait... Matterhorn allait peut-être essayer de lui coller sur le dos l'assassinat d'Esteban Armendariz, histoire de faire bonne mesure. La perspective n'était guère souriante.

Frost alluma une autre cigarette avec le bout de la précédente et écrasa le mégot dans la soucoupe qui commençait à être bien remplie. Puis il alla à la fenêtre. Il était 6 h 12. Le ciel était chargé de nuages et une fine brume déposait une pellicule luisante sur les toits de la petite ville. L'esprit de Frost s'envola vers Bess. A Londres, ce devait être la purée de pois. Mais à cette heure, elle dormait encore, bien au chaud dans l'appartement qu'elle lui avait décrit.

Seule ?

Cette simple question lui causa un gros pincement au milieu du ventre. C'était bien la première fois qu'il était jaloux avec une femme. Cela ne prouvait qu'une chose : Bess n'était pas n'importe quelle femme. A cet instant, Frost aurait donné cher, très cher, pour aller la rejoindre.

Et pourquoi pas ?

Etrange qu'il n'y ait pas encore pensé. Ce devaient être les séquelles de sa nuit mouvementée. Il pouvait très bien essayer de leur tirer sa révérence et passer au Liechtenstein, par exemple. Ce n'était pas très loin. Ça devait être faisable.

Frost ouvrit la fenêtre. Une bourrasque d'air froid s'engouffra à l'intérieur de la chambre et il frissonna dans son pyjama. En se penchant au-dehors, il comprit tout de suite que l'issue ne se trouvait pas là. Il était au cinquième étage et le mur était parfaitement lisse. Seule une gouttière passait sur sa gauche, à plus de trois mètres.

Mais surtout, deux voitures de police et quatre motards étaient arrêtés devant l'entrée de l'hôpital. Décidément, on n'aimait pas prendre de risques dans la Confédération Helvétique. Au moment où le mercenaire se faisait cette réflexion désabusé, l'un des motards leva le nez dans sa direction. Frost referma précipitamment la fenêtre.

Il ne restait qu'une possibilité : gagner le rez-de-chaussée par l'intérieur et chercher une issue de secours. Lorsque Matterhorn était parti, il avait entendu les pas de plusieurs hommes s'éloigner dans le couloir. Avec un peu de chance, la porte serait restée sans surveillance.

Pendant l'entrevue avec Halston, Frost n'avait rien entendu à l'extérieur, ni bruits de pas ni échos de conversations. Ça ne prouvait rien car il ne faisait pas spécialement attention. Le meilleur moyen de savoir s'il y avait des cerbères était encore de vérifier.

Frost alla à la porte et l'ouvrit. Le flic rougeaud et son collègue étaient bien partis. Mais la relève avait été assurée. En voyant l'homme au bandeau noir apparaître sur le seuil, l'un des deux policiers se leva d'un bond, la main sur son holster de ceinture.

— Holà ! Du calme, mon pote, du calme..., dit Frost. J'avais simplement envie de me dégourdir les jambes.

Fataliste il battit en retraite dans la chambre et referma la porte.

Puis il alla s'asseoir sur la table de formica, tendit le bras et attrapa la soucoupe qu'il posa à côté de lui. Il écrasa sa cigarette, en alluma aussitôt une autre et, laissant ses jambes ballotter dans le vide, attendit en fumant.

Il avait beau se creuser la tête, c'était tout ce qu'il pouvait faire. Attendre le retour de Halston avec le verdict du Département d'Etat.

CHAPITRE III

Dès qu'il vit la porte s'ouvrir, Frost lança :

— Alors ? Matterhorn ou Montesinos ?

— Montesinos, répondit un Halston beaucoup plus détendu.

Cela faisait presque trois quarts d'heure qu'il s'était éclipsé et le Mercenaire se dit que pas mal de choses avaient dû être pesées et repesées durant la communication avec ses chefs.

— J'ai réglé les formalités pour votre sortie, annonça l'homme du Département d'Etat. On va vous apporter des vêtements. Un homme de Matterhorn passera à votre hôtel pour vous restituer votre combinaison de ski et votre couteau.

— Très bien, dit Frost. Comment règle-t-on les modalités pratiques ?

— Vous prenez l'avion demain matin pour le Guatemala.

— Comme ça ? Sans prévenir de mon arrivée ? s'étonna le Mercenaire.

— Soyez tranquille. Nous avons déjà fait parvenir nos condoléances au général Montesinos et à la junte, avec tous les détails sur votre intervention héroïque et sur la façon dont vous avez éliminé les assassins d'Armendariz. Nous attendons une réponse dans le courant de la journée et nous sommes sûrs qu'il y aura un message pour vous.

— OK. Et en ce qui concerne mes conditions ?

— Aucun problème, assura Halston. Vous prendez livraison de vos mercenaires dans trois jours à Miami. Si quelque chose ne vous convient pas, vous nous avertirez immédiatement.

— Bien. Et au Guatemala, comment je fais ? s'enquit Frost.

— Votre contact sur place sera John Cockroft, conseiller de l'ambassadeur des Etats-Unis. C'est à lui que vous transmettrez vos messages et de lui que vous recevrez vos instructions.

On frappa à la porte. Une infirmière en blouse blanche entra avec un survêtement, un parka fourré, une paire de chaussettes et des après-ski.

— Voici des vêtements, monsieur Frost, annonça-t-elle. Je suis désolée mais c'est tout ce que j'ai pu trouver. Il faut dire qu'on ne m'a pas laissé beaucoup de temps. Bien entendu, vous pouvez garder le pyjama. Vous aurez plus chaud sous le survêtement.

— Je ne vais pas au bal ! dit Frost. Merci, mademoiselle.

La jeune fille répondit d'un sourire, pirouetta sur les talons et sortit. Frost s'habilla rapidement et suivit Halston dans le couloir. Les deux flics avaient déjà levé le camp devant la porte. Même chose à l'extérieur, les voitures et les motards avaient disparu. Une Mercedes gris métallisé avec des plaques diplomatiques attendait devant le porche. Halston ouvrit la porte arrière, invita Frost à monter et s'installa près de lui en pliant sa gabardine sur ses genoux. Frost donna au chauffeur l'adresse de son hôtel.

Il était presque 8 h 30 lorsqu'il prit sa clef à la réception. Il avait un creux à l'estomac et se délectait à l'avance du solide petit déjeuner qu'il allait se faire monter. Mais à peine fut-il dans sa chambre qu'il posa le parka sur une chaise, s'allongea sur son lit et sombra dans un sommeil de mort.

Il fut réveillé par des coups à la porte.

— Voilà ! Voilà ! On arrive, grogna-t-il en se frottant l'œil.

Il se leva et alla ouvrir. C'était le grand flic rougeaud.

— Eh bien, fit le Mercenaire, on ne voit que vous et les petits oiseaux en ce moment.

— Je viens de finir mon service, répondit l'homme. Comme j'habite à Flims, le chef m'a demandé de faire le crochet jusqu'ici pour vous rapporter ça.

Il tendit un gros paquet, enveloppé dans du papier kraft et lié par de la ficelle synthétique. Frost posa le paquet sur la table.

— J'ai aussi un message du consulat américain à Zurich, ajouta le volumineux personnage. Ils vous demandent de les appeler le plus rapidement possible.

— OK. Merci, répondit Frost d'une voix encore lourde de sommeil. Rien d'autre ?

Il consulta le cadran noir de son Omega. 11 h 25. Finalement, il n'avait pas énormément dormi depuis la veille. Il avait hâte de voir le gros flic filer pour passer son coup de fil et récupérer son retard de sommeil.

— Rien d'autre, monsieur Frost, mais euh...

— Oui ?

— A propos de votre œil, l'histoire que vous m'avez racontée cette nuit... Ce n'était pas vrai tout de même ? Vous me faisiez une blague, dites...

Frost sourit.

— Bien sûr. Je parie que vous voulez savoir la vérité.

— Oh oui, répondit l'autre d'un ton avide.

— Eh bien voilà. C'est une histoire de coquetterie de gamin. Vous avez remarqué que j'avais l'œil vert, n'est-ce pas ?

— Evidemment.

— C'est une couleur que je supporte pas. Il y a une dizaine d'années, j'ai lu dans un journal qu'un chirurgien texan avait trouvé le moyen de refaire les yeux, exactement comme on peut refaire les nez.

— Je crois que je commence à comprendre, dit le flic.

— L'article disait qu'il recherchait des volontaires pour expérimenter sa technique. Je me suis présenté. J'ai demandé au chirurgien qu'il pouvait me faire des yeux bleus. J'avais toujours rêvé d'avoir les yeux bleus. Il m'a répondu que c'était parfaitement possible et je suis passé sur le billard. La technique n'était pas encore au point, voilà tout. Heureusement qu'il avait commencé par le gauche. Vous me voyez sans œil droit ?

— En effet, heureusement, approuva le flic avec compassion.

— Voilà ce que c'est que de vouloir servir de cobaye, conclut Frost.

— Hé oui, philosopha le grand policier d'un ton très pénétré. Allez, au revoir, monsieur Frost. Heureux de vous avoir connu. Et n'oubliez pas de faire retirer vos fils dans une dizaine de jours.

— Je n'y manquerai pas, promit l'Américain. Au revoir.

Il ferma la porte et alla déballer le paquet. A l'intérieur, se trouvaient ses sous-vêtements, son pull, sa combinaison de ski et son couteau Gerber dans sa gaine. Apparemment, ses souliers avaient disparu quelque part pendant les événements de la nuit. C'était le cadet de ses soucis. Frost rangea le couteau dans un tiroir. Les vêtements avaient été nettoyés et séchés mais ce n'étaient plus que des loques. Il enveloppa le tout dans le papier kraft et le jeta à la poubelle.

Il était midi moins le quart lorsqu'il appela le standard et demanda Halston au consulat des Etats-Unis à Zurich. La communication fut rapidement établie.

— Capitaine Frost ? demanda une voix pâteuse.

Apparemment, Halston non plus n'avait pas beaucoup dormi.

— Oui. Alors ? Quoi de neuf ?

— Ça roule. Le général Montesinos a été très touché par votre comportement. Nous avons reçu un télex disant qu'il aimerait vous voir partir en même temps que le cercueil contenant la dépouille d'Armendariz.

— C'est-à-dire ?

— Demain matin à 6 h 40 à l'aéroport international de Zurich.

— OK. J'appelle pour réserver.

— C'est fait. Il vous suffira de prendre vos billets au consulat avant de vous rendre à l'aéroport.

— Très bien. C'est tout ?

— Oui, répondit Halston.

Frost allait raccrocher lorsqu'il entendit un grésillement dans le combiné. De nouveau, il colla le récepteur à son oreille.

— Attendez, capitaine Frost, j'allais oublier. L'hôpital de Coire a appelé. Ils n'avaient pas votre adresse. Il y a un message pour vous de la part du chef de clinique.

— Oui ?

— N'oubliez pas de faire enlever vos fils dans une dizaine de jours.

— Merci. J'essaierai d'y penser. *So long*, Halston.

— *So long*.

Frost reposa le combiné dans son berceau et se jeta sur son lit. Il s'endormit presque aussitôt en rêvant au ciel bleu du Guatemala, aux stèles Mayas et à Quetzalcoatl, le légendaire serpent à plumes...

*
**

Le Boeing de la compagnie Aviateca vira pour amorcer sa descente sur l'aéroport international de La Aurora. A travers son hublot, Frost contemplait le cône du Fuego, auréolé d'un anneau de nuages. Le volcan, tout proche de la capitale, rejetait périodiquement ses pluies de cendres chaudes qui anéantissaient les récoltes tout en fertilisant le sol pour les années à venir. Devait-il voir un présage dans cette masse menaçante de près de quatre mille mètres ? Ou le symbole de ce pays perpétuellement ébranlé par des séismes politiques ? Peut-être ces secousses brutales étaient-elles le seul moyen offert au Guatemala pour bâtir son avenir.

Lorsque l'appareil approcha de la piste, Frost aperçut, un peu plus loin, une limousine entourée de quelques hommes et un fourgon mortuaire. Le Boeing se posa, perdit de la vitesse et s'immobilisa. Frost se leva et suivit le flot des passagers qui se dirigeait vers la sortie. Un jeune officier, mince et élancé, avec une fine moustache brune, attendait au pied de la passerelle.

— Capitaine Frost ? demanda-t-il.

— C'est moi, répondit le Mercenaire.

Le jeune homme salua. Frost eut une seconde d'hésitation puis salua à son tour bien qu'il fût en civil.

— Je suis le commandant Felipe Mancebo, annonça l'homme. J'ai l'honneur de vous présenter les hommages du général Montesinos. Il m'a chargé de vous accueillir et de vous conduire au Palacio Nacional où il attend de pouvoir saluer comme il se doit votre acte de bravoure.

— Je suis très honoré, répondit Frost, secrètement flatté en emboîtant le pas à l'officier.

Une chaleur suffocante pesait sur la piste. Le ciel, bleu au moment de l'atterrissage, avait en quelques minutes pris une couleur de plomb. Frost sentit la sueur lui perler sur les tempes. Vers la queue du gros appareil, quatre soldats étaient en train de charger le cercueil d'Armendariz à l'arrière du fourgon mortuaire.

Le commandant Mancebo ouvrit la portière de la limousine et s'effaça pour laisser passer Frost. Celui-ci s'installa sur la banquette. Mancebo prit place à ses côtés. Au moment où il claquait la porte, d'énormes gouttes de pluie commencèrent à crépiter sur le toit de la voiture. Bientôt, des tonnes d'eau se déversaient en hallebardes sur la capitale guatémaltèque. Mancebo se retourna pour vérifier que le fourgon était prêt puis ordonna au chauffeur de prendre la route du palais.

Même à grande vitesse, les essuie-glace avaient du mal à déblayer les masses de pluie qui s'abattaient sur le pare-brise. Une petite buée s'était formée sur les vitres en dépit de l'air conditionné. Sur la Sexta, la pluie avait chassé la foule et les trottoirs étaient déserts. De chaque côté de l'avenue, des mâts portaient des drapeaux bleu-blanc-bleu en berne.

Moins de vingt minutes plus tard, le petit cortège arriva sur le Parque Central, la place principale de Ciudad de Guatemala. La limousine fit halte devant les imposantes arcades vertes du Palacio Nacional, résidence du chef de l'Etat. A travers la vitre ruisselante, le Mercenaire vit que le fourgon mortuaire poursuivait sa route. Puis il sortit sous la pluie, flanqué de Mancebo.

C'est un Frost dégoulinant qui pénétra quelques minutes plus tard dans le salon d'honneur où l'attendait le général Alvaro Montesinos.

— Malgré les circonstances tragiques qui affligent notre pays ainsi que notre famille, je suis heureux de vous accueillir au Guatemala, *capitán* Frost.

Pris au dépourvu, le Mercenaire ne savait quelle contenance adopter. Il était plus à l'aise au baroud que dans les réceptions officielles. Montesinos le tira d'embarras en tendant la main avec simplicité. Le geste apporta un peu de réconfort à Frost qui cherchait désespérément le terme approprié pour s'adresser au chef d'Etat. *Señor Presidente?* Non, ça ne collait pas. Montesinos n'était à proprement parler un président. *Mí general?* Un peu sec. Et puis, militairement parlant, ça avait quelque chose de déplacé puisqu'il ne faisait pas partie de son armée. Finalement, Frost s'arrêta sur *Excelencia.* C'était, lui semblait-il, ce qu'il avait plus souvent entendu en Amérique latine.

— Je vous remercie infiniment, *Excelencia.* Sachez que mon seul regret est de ne pas avoir pu intervenir à temps pour empêcher le meurtre du colonel Armendariz. La mort de ses assassins doit être une bien mince consolation pour vous-même et votre famille.

— Certes, *capitán* Frost, mais vous avez fait tout ce qui était humainement possible. Nous avons eu tous les détails par l'intermédiaire de votre consulat à Zurich. C'est pourquoi j'ai tenu à récompenser votre attitude courageuse en vous remettant la plus haute distinction de notre pays.

Comme Montesinos prononçait ces mot, le commandant Mancebo s'avançait et lui présenta un coffret habillé de velours bleu. Le général y prit une médaille dont il décora Frost. Puis il se lança à un train d'enfer dans un laïus dont le Mercenaire ne comprenait pas un mot sur quatre. Il ne saisit même pas le nom de la médaille qui ressemblait étrangement à une Victoria Cross.

Presque saoulé par cette réception aussi grandiose qu'inattendue, Frost essayait de situer les autres personnes présentes. Derrière Montesinos, se tenaient deux officiers généraux à la poitrine chargée de décorations. Chacun d'eux était flanqué par une femme en tenue de deuil. Le regard de Frost se déplaça de gauche à droite.

La première femme était une rousse flamboyante à la lourde poitrine. Frost lui donna une petite quarantaine. Ses formes généreuses ne manquaient pas d'attirer le regard. Elle avait de grands yeux verts, plus foncés que ceux de Frost qui tiraient sur le gris. Elle le détaillait avec une sensualité provocante. Sans aucun doute la « salope » décrite par Halston. En voilà une qui ne semblait guère affectée par le décès de son frère. Des deux généraux, l'un devait être son mari. Pourtant, tous deux paraissaient beaucoup plus âgés qu'elle. Le voisin immédiat de la rousse pulpeuse était grand, solidement charpenté, avec des tempes grisonnantes. L'autre, de taille moyenne, était légèrement enveloppé et avait des cheveux ondulants.

Près de lui, se trouvait une autre femme, ou plutôt une jeune fille, beaucoup moins tape-à-l'œil que la rousse. Frost songea qu'elle n'en avait nul besoin. Elle était fraîche à croquer. Adorable minois aux traits fins, petit nez en trompette et yeux immenses dont les prunelles couleur cachou étaient brouillées par un voile de larmes. Estefania Armendariz. Elle avait l'air d'en avoir gros sur le cœur.

Trois mois plus tôt sa mère, disparue dans des circonstances mystérieuses et, maintenant, son père. Il y avait de quoi.

Les oreilles bercées par le ronron du laïus officiel, le Mercenaire ne put s'empêcher de l'observer un peu plus longuement que ne l'auraient voulu les convenances. Vêtue d'un tailleur noir très strict, elle avait de longs cheveux aile de corbeau et de petites mains couleur d'ambre. Ses seins étaient moins opulents que ceux de la rousse mais ne semblaient pas manquer d'intérêt. En laissant son regard errer sur les jambes parfaites gainées de bas noirs, le Mercenaire fut assailli par une violente bouffée de désir. « Frost ! se dit-il. Tu n'as pas honte ? Mais au fond, la vie, la mort, le sexe... Tout cela n'était-il pas étroitement mêlé ? Surtout quand on menait une existence de mercenaire... »

Montesinos abordait la conclusion de son discours, tellement élogieux que Frost en sentait de la gêne. Puis il se tut, saisit le mercenaire par les épaules et l'étreignit dans une chaleureuse accolade. Encore un point de gagné pour lui. Si cela continuait ainsi, Montesinos allait réussir son examen de passage. Adoptant une attitude beaucoup moins formelle, il glissa une main sous le bras de Frost et entreprit de faire les présentations.

— Le général Miguel Pañero, commandant en chef des forces armées, annonça Montesinos.

C'était le plus grand des deux généraux. Une poigne solide se referma sur la main de Frost et un regard dur se planta droit dans son œil unique.

L'autre général était un certain Alfonso Llanto, commandant la région militaire de San José, sur la côte pacifique. Il s'était spécialement déplacé pour les obsèques d'Armendariz. Le ou l'un des traîtres ?

Montesinos passa aux deux femmes, par ordre d'ancienneté. Il commença donc par la rousse.

— La *señora* Ursula Pañero, épouse du général et sœur du regretté Esteban.

— Toutes mes condoléances, madame.

— Merci beaucoup, *capitán*, répondit la *señora* Pañero avec au fond des yeux une lueur d'une sensualité insolente. Et merci aussi de ce que vous avez fait pour mon pauvre Esteban.

Visiblement, c'était le cadet de ses soucis. Son regard équivoque et sa bouche gourmande le criaient haut et fort. Frost songea que si Pañero avait l'air d'un homme capable d'affronter les plus rudes combats, il n'était peut-être pas aussi brillant lorsqu'il s'agissait de sa femme. Montesinos conclut avec la jeune fille aux longs cheveux aile de corbeau :

— Et voici ma nièce, Estefania Armendariz, la fille d'Esteban et de ma pauvre sœur.

Estefania Armendariz reçut les condoléances de Frost, hocha la tête sans prononcer une parole et détourna le regard. Le Mercenaire comprit qu'elle ne voulait pas verser de larmes devant un inconnu. Sa gorge se noua lorsqu'il sentit au creux de sa paume la petite main glacée.

— Maintenant, *capitán* Frost, nous allons vous laisser prendre un peu de repos, enchaîna le général Montesinos. Nous parlerons affaires en fin d'après-midi, si vous le voulez bien. Les obsèques sont prévues pour demain matin. Je serais très honoré que vous assistiez à l'office religieux qui sera célébré à neuf heures à la Catedral Metropolitana. Mancebo, conduisez le *capitán !*

Le jeune commandant claqua les talons et ouvrit la porte. Frost salua et le suivit. Mancebo le pilota dans un large escalier de marbre qui débouchait au premier étage sur un grand palier, également dallé de marbre. Mancebo expliqua qu'à droite de l'escalier, s'étendaient les appartements occupés par le général Pañero et sa femme. A gauche, se trouvaient les chambres prévues pour les mercenaires. Celle de Frost était située au fond du corridor. Frost demanda où logeait le général Montesinos.

— A l'étage supérieur, répondit l'officier. Sa nièce, elle, occupe une chambre du rez-de-chaussée donnant sur les jardins. C'est une ancienne bibliothèque qui a été débarrassée et aménagée à son intention. Depuis la mort de sa mère, elle ne supportait plus de vivre dans leur appartement du second étage.

— Je comprends, dit Frost.

Ils étaient arrivés à sa porte. Mancebo ouvrit, s'effaça pour le laisser entrer et lui remit les clefs en disant :

— Si vous avez besoin de quoi que ce soit, demandez-moi à l'interphone. Je serai ici jusqu'à environ vingt heures.

— Vous ne logez pas au palais ?

— Non. J'habite en ville, Avenida de las Américas.

— Je connais, répondit Frost. Merci de votre amabilité, Commandant.

— Je suis à votre service.

Frost referma la porte en souriant. Un commandant à son service, lui, simple capitaine, ça ne manquait pas de cocasserie. En considérant les dimensions et l'ameublement de la chambre, il se prit un instant pour un nabab visitant sa suite au *Waldorf-Astoria*. Jamais de sa vie, il n'avait été hébergé dans un endroit aussi luxueux. Au pied de l'immense lit à baldaquin, ses valises avaient l'air de jouets d'enfants. Quant à la penderie qui occupait tout un pan de mur, il se dit que même en espaçant ses vêtements au maximum, il ne parviendrait pas à en remplir le dizième. Quelques magazines et un journal du jour avaient été placés à son intention sur le bureau de bois sculpté qui jouxtait l'épaisse porte de chêne.

Frost alluma une Camel, posa son Zippo sur le bureau et fuma en feuilletant distraitement une revue. Montesinos semblait pressé de traiter l'affaire. Frost aurait préféré attendre le lendemain pour avoir le temps d'observer un peu plus longuement le personnage. La première impression avait été bonne, certes. Mais ce n'était jamais qu'une première impression.

Mentalement, le Mercenaire prépara quelques questions. Il allait profiter de l'entrevue pour sonder le général en profondeur. Mais, très vite, son esprit s'égara. Le changement de climat, le décalage horaire, l'accueil mouvementé... Il se sentait vidé. Frost décida qu'il fallait se retremper pour être en forme lors de la confrontation décisive avec Montesinos. Il écrasa sa cigarette, entra dans la somptueuse salle de bains, passa un long moment sous la douche puis se sécha et se frictionna le corps d'eau de toilette.

Détendu et presque dispos, il regagna la chambre et prit le journal sur le bureau. Puis il s'allongea nu sur le grand lit et s'attaqua à la rubrique politique, tant pour s'informer des derniers événements que pour mettre son espagnol à jour.

***

Les mains posées sur le dossier de son prie-dieu, Frost n'était pas à son aise. Le rituel catholique était l'un des domaines dans lesquels il se sentait le plus ignorant. Ce n'était pas la complexité qui le gênait. Il n'y avait en fait que trois positions : assis, à genoux, debout. Mais le problème consistait à adopter lesdites positions au moment voulu et parfois, le changement était rapide.

Comble de malchance, on l'avait placé au bord de la travée centrale, à gauche de la nef. L'aile droite était réservée aux dames. Pour pouvoir suivre les mouvements des fidèles sans tourner perpétuellement la tête, il était donc obligé de lorgner du côté des dames. Maudit handicap visuel ! Sa gêne s'accrut lorsqu'il nota que la *señora* Pañero, placée au premier rang, ne cessait de se retourner et de le dévorer des yeux.

Le cercueil, entouré de chandeliers et couvert d'un drapeau guatémaltèque, avait été placé au pied du grand autel. Un mouvement de foule s'amorça. On allait bénir la dépouille. L'officiant, assisté d'une cohorte de diacres et d'enfants de chœur, avait été présenté à Frost comme l'archevêque du diocèse. Frost attendit son tour en se félicitant de ne pas avoir été convié à accompagner le cortège au cimetière. Il n'avait jamais été porté sur les cérémonies, surtout les enterrements. Il prit le goupillon qu'on lui tendait, traça une croix dans les airs et sortit. Il était parmi les derniers.

Le soleil était revenu sur la capitale et la garde d'honneur qui attendait sur le Parque Central transpirait à grosses gouttes. Devant la garde et lui tournant le dos, étaient alignés les généraux Montesinos, Pañero, Llanto et d'autres généraux que Frost ne connaissait pas. A leur gauche, se tenaient les femmes, parmi lesquelles le Mercenaire repéra Estefania Armendariz et Ursula Pañero.

Incroyable, ce devait être une manie, chez elle ! La *señora* Pañero ne cessait de se retourner. Elle en avait aux soldats de la garde d'honneur, cette fois. Evidemment, ils étaient jeunes, et séduisants dans leurs beaux uniformes...

La foule formait deux haies de chaque côté du parvis. Frost s'avança sur la place et se posta au premier rang de la haie de droite, à deux mètres environ des officiels. Le général l'avait engagé la veille et il se sentait d'ores et déjà responsable de sa sécurité.

Le cercueil arriva. Un ordre claqua et la garde se mit au garde-à-vous. Un clairon joua la sonnerie aux morts. Une nouvelle fois, Ursula Pañero se retourna. Machinalement, Frost suivit son manège et, soudain, son regard s'arrêta sur l'un des soldats.

Etait-ce une illusion d'optique due au soleil qui le frappait dans l'œil ? Frost ne rêvait pas. Millimètre par millimètre, le jeune militaire remontait la main vers le pontet de son fusil. Maintenant, Ursula regardait devant elle. Tous les yeux étaient braqués sur le cercueil à qui l'on rendait les derniers honneurs. Le Mercenaire vit le soldat abaisser lentement le canon de son arme vers le dos du général Montesinos.

Il voulut lui crier quelque chose en espagnol pour le mettre en garde, mais il ne trouvait pas ses mots.

Frost bondit. Du poing gauche, il détourna le fusil vers le ciel. Une courte rafale partit. Les projectiles claquèrent dans le catafalque qui drapait le porche. Dans le même élan, l'Américain abattit son poing droit sur les testicules du soldat. Le garde fléchit les genoux en poussant un cri strident. Il s'agrippait frénétiquement à son arme. Empoignant le fusil de la main gauche, Frost lui porta un solide coup de savate à l'estomac. Un autre coup de feu claqua. La balle ricocha avec un miaulement aigu sur la flèche de la cathédrale. Frost tirait comme un damné sur le canon du fusil tout en s'efforçant de le pointer en l'air.

D'un coup de coude à la mâchoire, il parvint à déséquilibrer l'adversaire, qui lâcha prise. Le Mercenaire fit tournoyer le fusil dont la crosse frappa à toute volée la gorge du soldat, défonçant la pomme d'Adam et la trachée artère. L'agresseur du général s'écroula sur le parvis, mort avant même d'avoir touché le sol.

Une confusion monumentale s'ensuivit. La *señora* Pañero poussait des hurlements hystériques. Deux officiers se précipitèrent sur Frost. Le prenant pour le terroriste, ils lui arrachèrent son fusil tandis qu'un troisième l'immobilisait d'un arm-lock dans le dos.

Le général Pañero dont la bouche n'était plus qu'un trait dégaina un Colt 38 Super Government Model. Pétrifié, Frost vit la gueule noire de l'arme pivoter vers lui, l'index se crisper sur la détente.

CHAPITRE IV

Une manchette s'abattit sur le poignet de Pañero. C'était le général Montesinos. L'arme aboya. Un soldat de la garde d'honneur s'effondra avec un cri de douleur, le mollet transpercé par le projectile.

— Tu ne vois pas qu'il vient de me sauver la vie ! rugit Montesinos. Et vous, imbéciles, lâchez-le !

La pression se desserra sur le bras de Frost. Le général s'avança vers lui.

— Excusez mes hommes, *capitán* Frost. Ils ont cru à un attentat.

— *C'était* un attentat, dit le Mercenaire en se frictionnant le poignet.

— Oui. Mais ils ont pensé que vous en étiez l'auteur. Je vous avais vu bondir du coin de l'œil et je me suis retourné aussitôt. J'ai tout vu. Merci, *Capitán*, vous m'avez sauvé la vie.

— Vous aussi, vous m'avez sauvé la vie. Merci, *Excelencia*.

— Disons que nous sommes à égalité pour le moment, répondit le général. Je vois que mon malheureux beau-frère avait eu le nez fin en portant son choix sur vous. Je suis persuadé que je n'aurai qu'à me féliciter de vos services.

— Je l'espère, *Excelencia.*

— Dites-moi, *capitán* Frost, voulez-vous me faire une faveur ?

— Certainement, *Excelencia.* Laquelle ?

— Cessez de m'appeler *Excelencia.*

— Et comment devrai-je vous appeler ? s'inquiéta le Mercenaire.

— Disons... Général, pour ne pas faire de jaloux.

— OK, Général. Si, à votre tour vous vouliez me faire la même faveur, vous cesseriez de m'appeler *capitán* Frost.

— Et pour vous appeler comment ? demanda le général.

— Disons... Hank, histoire de faire des jaloux.

— *Oqué,* va pour Hank.

Pendant qu'on emmenait le mort et le blessé sur des brancards, le général Pañero s'approcha du mercenaire.

— Excusez-moi, *capitán* Frost, je... je suis vraiment désolé, bredouilla-t-il. J'avais cru... Enfin, c'est une stupide méprise.

— *Nobody's perfect,* ricana l'Américain.

Mais Pañero ne l'entendit pas.

Un sous-officier fit resserrer les rangs. Un instant plus tard, la garde d'honneur présentait les armes. Sur un geste du général, le clairon reprit la sonnerie aux morts.

Un sacré bonhomme, ce Montesinos. Frost ne regrettait vraiment plus d'avoir accepté cette mission. Et, invité ou pas, il décida de suivre le cortège jusqu'au cimetière. Il prit également une ferme résolution : à partir de maintenant, il garderait son Browning sur lui en toutes circonstances.

***

La fumée de la Camel s'éleva en une grosse volute vers le plafond puis s'étira dans le courant d'air de la climatisation. Seul à la grande table qu'il avait réservée dans le restaurant du motel de Miami, Frost commanda un Coca-rhum. Après tout, on pouvait être mercenaire et avoir ses options politiques sans pour autant cracher sur le *Cuba libre*. L'homme au bandeau noir ne voyait pas la porte dans la glace, mais il l'entendit s'ouvrir.

— Non ! Sans blague ?

Ça, c'était la voix de Carl Bilstein.

— Ma parole ! Tu aurais vu la gueule du type... dé-coi-ffé ! Il n'a plus jamais remis les pieds au *Flamingo*.

Et ça, celle de Jake Fledgette. Il n'avait pas changé. Toujours à raconter des histoires à dormir debout.

Dès qu'ils eurent dépassé l'angle du comptoir, les deux hommes aperçurent Frost et le saluèrent de loin. Non, ils n'étaient pas deux. Ils étaient trois. Deke Craymer était en train d'accrocher son blouson au portemanteau. Toujours aussi soigneux...

— Salut, Frost ! Ça boume ?

— Ça peut aller.

— Il y a longtemps que tu poireautes ? demanda Fledgette.

— Environ dix minutes, répondit Frost.

— Ça va, les gars, il doit encore être à jeun. On va pouvoir causer.

— Qu'est-ce que vous prenez ? questionna Frost en faisant signe à la serveuse.

Bilstein et Craymer avaient commencé ailleurs à la bière. Ils décidèrent de rester à la bière. Fledgette commanda un *Shirley Temple* pour faire bisquer la fille.

Une demi-heure plus tard, tout le monde était rassemblé autour de la table chargée de verres et de bouteilles. Frost avait coché les douze noms sur la liste que lui avait remise un envoyé du Département d'Etat à l'aéroport de Miami.

Il y avait Fledgette, Bilstein, Craymer, Carrington, Pete Shoerdell, Kilner, Nifkawitz, Sturmer, Gillette, Pearblossom, Riddel et Santarelli.

Comme l'avait dit Halston, c'étaient presque tous des têtes connues. Enfin, plus ou moins connues. Les trois exceptions étaient Pearblossom, Riddel et Santarelli, que Frost n'avait encore jamais vus. Comme ils étaient arrivés ensemble, le capitaine Frost les soupçonnait fortement d'être les « mouchards » du Département d'Etat. De plus, leurs références lui avaient paru un peu trop impeccables.

Les hommes étaient censés ignorer le caractère double de leur mission. Mais tous avaient été recrutés en son nom par un agent du Département d'Etat. Pour cette simple raison, Frost ne leur faisait pas totalement confiance a priori. Il ignorait si, dans une certaine mesure, certains d'entre eux n'étaient pas au courant de la manœuvre.

Il avait été convenu que, si Frost n'était pas satisfait des recrues, il devait appeler un numéro que lui avait donné son contact à l'aéroport. Au vu de la liste, Frost avait déjà décidé de ne pas appeler. Il connaissait suffisamment de noms et, si certains des gars mangeaient à deux râteliers, ils n'étaient pas forcément plus mauvais que d'autres. D'ailleurs, que faisait-il lui-même ?

— On mange bien, là-bas ? demanda justement l'un des hommes.

— Ça peut aller, répondit Frost.

— OK, si la croûte est correcte, on n'a pas besoin de se remplir avant de partir. Alors buvons, mes frères !

Frost appela la serveuse pour commander une autre tournée.

— A ce que j'ai compris, dit Nifkawitz, c'est juste un boulot civil, une protection rapprochée ?

— La mission comportera certains aspects militaires, précisa Frost en contemplant son verre de *Cuba libre.* C'est la protection d'un général qu'on doit assurer et, accessoirement, celle de ses proches.

— Et qui c'est, les proches ?

— Le général Miguel Pañero, sa femme et la nièce de Montesinos.

— Bien roulée, la nièce ? demanda Fledgette.

— Mieux que ça, à mon avis, dit Frost. Mais tu pourras te rendre compte par toi-même.

Sturmer se leva, le verre à la main. Dans la lumière artificielle, ses cheveux blonds paraissaient presque orange. Ses joues étaient pivoine.

— Super ! beugla-t-il. Je me porte volontaire pour la protection rapprochée de la nièce.

Pearblossom se leva à son tour.

— Hé, doucement ! Moi aussi, je suis volontaire !

— Pour vous mettre d'accord, c'est moi qui vais m'en occuper ! décréta Nifkawitz.

— Holà ! Calmos, là-dedans ! coupa Frost. Ne vous imaginez pas que je vous ai invités à une garden-party. Il va sûrement y avoir de la castagne. Pas plus tard que ce matin, j'ai démoli un type qui braquait le général. Il a subi tellement d'attentats depuis deux mois qu'il serait incapable de les citer de mémoire. Et il soupçonne un de ses proches d'être dans le coup. C'est pour ça qu'il nous a fait venir.

— Un de ses proches... tiens, tiens, reprit Sturmer. C'est peut-être la nièce ! Je suis l'homme qu'il te faut pour la faire parler. Par la manière douce, évidemment. Voilà comment je vois le topo. Par une nuit sans lune, je m'infiltre discrètement dans sa chambre et...

— Arrête ton cinoche ! lança Fledgette. Tout ce que tu risques c'est de la faire crever d'asphyxie.

— Comment ça d'asphyxie ?

— Ben ouais, à cause du fou rire qu'elle va piquer en voyant ce que t'as dans ton slip.

Un éclat de rire tonitruant fit trembler les vitres de la salle de restaurant. Frost connaissait les mercenaires, depuis le temps qu'il partageait leur vie. Forts en gueule, paillards, ivrognes à l'occasion. Ils en avaient besoin. C'était leur façon de se donner du cœur au ventre quand ils savaient que la mission allait être périlleuse et que certains d'entre eux y laisseraient leur peau. Il ne leur en voulait pas.

Quant il estima que les rires avaient assez duré, il abattit son poing sur la table en hurlant :

— Vos gueules, maintenant ! On est là pour

parler boulot ! Vous pourrez picoler et raconter vos conneries après ! Est-ce que tout le monde est d'accord avec les termes du contrat ?

— Si j'ai bien pigé, dit Gillette, on a juste à faire le travail et à palper nos soldes. Les munitions, la bouffe, le logement et tout le reste sont à la charge du général...

— Exact, répondit Frost. Il casque tout, y compris les frais d'obsèques.

Nouvel éclat de rire.

— Montesinos a même mis un bimoteur à ma disposition pour transporter vos grosses viandes, reprit Frost. On décolle demain matin à six heures. Pas de retardataires. Je veux voir tout le monde sur le pont à cinq heures au plus tard. Si vous avez l'intention de casser le graine et d'aller vous pieuter, je vous conseille de passer vos commandes tout de suite.

— Casser la graine ? fit Deke Craymer, le seul Noir de la troupe. On avait dit qu'on picolait...

— OK, OK, picolez. Mais à cinq heures, tout le monde debout. Est-ce qu'il y a des questions ?

— Fledgette se tortilla sur sa chaise :

— C'est vrai que les petites Mayas sont des chaudes lapines ?

— Quoi ?

— Ben ouais, c'est un copain qui m'a raconté ça. Paraît qu'elles ont rajouté une position spéciale au Kama-sutra.

— Ah ! Laquelle ? demanda une voix intéressée.

— C'est une partie à trois. Le type s'enfile une Maya à l'endroit puis une Maya à l'envers. Ça s'appelle le coup du tricot.

— Ouaf ! Ouaf ! Qu'est-ce qu'elle est bonne..., ricana Gillette. L'ennui, c'est que depuis la colonisation, y a plus de Mayas au Guatemala.

— Dommage, fit une voix déçue.

— Ouais, reprit Gillette, les Indiens de là-bas s'appellent les Quichés.

— Ah bon ! Quiché, cheux-là ?

Concert de rires aux vapeurs d'alcool. Pendant toute la soirée, les consommations succédèrent aux consommations. Vers minuit, les premiers hommes montèrent se coucher. Il était presque deux heures lorsque Frost gagna sa chambre et se laissa tomber tout habillé sur son lit. Il eut une pensée diffuse pour les points de suture dans son cuir chevelu qu'il avait promis à Bess de faire enlever. Puis il sombra dans un sommeil profond.

Le lendemain à six heures moins dix, tous les hommes étaient rassemblés au pied du bimoteur. Rasé de frais, Frost avait pris une douche froide, quatre aspirines et enfilé son plus beau costume blanc froissé. Chemise blanche, cravate de tricot noire, il avait troqué son bandeau contre une grosse paire de lunettes de soleil. Dans les rues de Miami, c'était plus discret.

Il vérifia que les bagages étaient dans la soute, que les hommes avaient embarqué puis s'assit à côté de Nifkawitz et bâilla à se décrocher la mâchoire.

— La nuit a été courte, hein ?

— Ouais, grogna Frost.

— Dis donc, Frost, comment tu as eu cet œil crevé ?

Frost gratta un instant sa tête douloureuse, se frotta la paupière sous ses grosses lunettes et jura bien qu'il ne boirait plus jamais comme ça. Finalement, il répondit :

— Oh, tu sais, c'est une histoire toute bête. Tu vas sûrement être déçu. Ça m'est arrivé quand... quand... Oh, et puis merde ! Je te raconterai ça une autre fois.

Il tourna la tête de l'autre côté et sombra dans le sommeil. La plupart des hommes laissaient déjà échapper des ronflements qui couvraient presque le bruit des moteurs. Certains d'entre eux ne s'étaient même pas couchés.

***

Les mercenaires étaient tous installés et il restait encore deux chambres. Frost se dit que si l'autre aile du couloir était aussi grande que celle-ci, le général Pañero et sa femme ne devaient pas être à l'étroit dans leurs appartements.

Les hommes descendirent se restaurer aux cuisines. Frost avala un morceau sur le pouce puis monta faire son rapport au général. Comme il regagnait sa chambre, écoutant avec une certaine délectation le claquement de ses talons sur les immenses marches de marbre, il vit une porte s'ouvrir à droite de l'escalier dans le grand corridor au plafond voûté.

— Avez-vous un petit moment à m'accorder, *capitán* Frost ?

C'était Ursula Pañero. Frost approcha. Elle était chaussée de claquettes et portait un peignoir de soie bleue, qui semblait être son seul vêtement. En revanche, elle était maquillée à outrance et coiffée. Curieuse tenue pour apostropher un mercenaire.

Frost eut l'impression qu'elle lançait un coup d'œil furtif vers le corridor et les escaliers. Puis elle ouvrit la porte en grand et lui fit signe d'entrer.

— *Capitán* Frost, murmura-t-elle, si vous saviez le réconfort que m'apporte votre présence au palais !

— J'en suis très heureux, *señora*, répondit Frost.

Il entra. Ursula Pañero boucla la porte puis le caressa de son regard vert.

— La vie de mercenaire doit être trépidante, rude, mais aussi passionnante, n'est-ce pas, *Capitán ?*

— Parfois oui, parfois non, *señora*. Il y a les bons et les mauvais moments.

— Bien sûr, j'imagine, dit Ursula Pañero. Les circonstances ont fait que nous nous sommes peu vus depuis votre arrivée. Puisque vous allez assurer la sécurité dans ce palais, j'aimerais que nous fassions plus ample connaissance. Venez donc prendre un verre avec moi.

Sans attendre de réponse, elle fit volte-face. Frost la suivit dans un couloir moquetté. Deux fesses rebondies dansaient sous le tissu léger. En les observant attentivement, Frost acquit la conviction qu'Ursula était nue sous son peignoir. Ils passèrent devant quelques portes ouvertes sur de vastes pièces. Aucun domestique en vue. Ça sentait le traquenard à plein nez.

Finalement, Ursula Pañero tourna une poignée de cuivre étincelante et introduisit Frost dans une pièce un peu plus petite que celles qu'il avait vues en traversant le couloir. Hank Frost pensa que ça s'appelait un boudoir mais il n'en était pas bien sûr.

Sous ses pieds, un tapis ouaté amortissait le bruit de ses pas. Ursula Pañero lui indiqua un grand divan de velours gris souris. Frost s'assit. Devant lui, se trouvait une table basse faite d'une plaque de verre noir posée sur des pieds en fer forgé. A sa gauche, dans l'angle de la pièce, un piano à queue en ébène. Il ne reconnut aucun des tableaux accrochés aux murs mais pensa immédiatement que ce ne devaient pas être des copies de copies de copies.

Ursula Peñero se dirigea vers un petit secrétaire faisant office de bar.

— *Pulque ?* demanda-t-elle en se retournant.

— Va pour le *pulque*, répondit Frost. Il y a si longtemps que j'en ai bu que j'en ai presque oublié le goût. Ça me rappellera des souvenirs.

— Heureuse de pouvoir vous offrir ce plaisir, roucoula la rousse Ursula. Et peut-être d'autres plaisirs...

Ça y était. Elle amorçait les manœuvres d'approche. Amusé, Frost décida de laisser faire. En son for intérieur, il se sentait diablement partagé. Les formes suggestives de la *señora* Pañero ne le laissaient pas de glace mais il jugeait risqué de s'embarquer dans une aventure avec l'épouse du N° 2 de la junte militaire. En outre, il la soupçonnait fort d'être lunatique, voire hystérique, et donc d'autant plus dangereuse. Il n'y avait qu'une chose à faire : la tester. Car Frost n'avait aucun doute sur ce qu'elle cherchait.

Lorsque Ursula Pañero s'agenouilla devant la table basse pour remplir les verres de *pulque*, les pans de son peignoir s'écartèrent, laisant apparaître deux cuisses rondes et roses. Frost se prit à faire des conjectures sur ses origines. Cette femme ne pouvait pas être de pure souche hispanique. Ses cheveux roux, ses yeux verts et la couleur de sa peau en étaient la preuve.

Elle se pencha en avant et lui tendit un verre. De sa position dominante, Frost put admirer un panorama presque complet de son anatomie. Ensuite, elle s'assit à côté de lui et il sentit à travers le tissu le contact chaud de sa cuisse. En voilà une qui n'y allait pas par quatre chemins.

Puis la rousse pulpeuse se coucha pratiquement sur lui pour attraper son propre verre sur la table. Frost eut presque un geste de recul en sentant la lourde poitrine s'écraser contre ses genoux. Lorsqu'elle se releva, un sein massif mais ferme s'était échappé par le col du peignoir. Ursula fit mine de ne pas s'en rendre compte et choqua son verre contre celui de Frost en murmurant :

— *Salud !*

— *Salud !* répondit Frost d'une voix rauque.

Il se maudit d'avoir accepté l'invitation. Il aurait mieux fait de s'en aller tout de suite. Il comprenait qu'il allait être très difficile de résister aux assauts de cette chatte en chaleur. Ursula but quelques gorgées puis reposa son verre en employant la même technique que précédemment.

— Vous avez dû en voir de vilaines choses, *Capitán*, roucoula-t-elle en posant une main sur la cuisse de Frost. Il doit vous arriver parfois d'avoir besoin d'un peu de réconfort, je suppose.

Frost la trouvait à la fois excitante et repoussante.

Excitante par ses formes généreuses et repoussante par la vulgarité qu'elle dégageait. Elle avait tort de se maquiller ainsi, avec ce rouge à lèvres vermeil, ces tonnes de fard à paupières, ces couches hallucinantes de fond de teint.

— Je suis sûre que vous avez connu beaucoup de femmes au cours de vos pérégrinations dans le monde, poursuivit Ursula en aventurant la main entre les cuisses du mercenaire.

Il laissa faire sans répondre, but une gorgée de *pulque* puis s'écarta pour poser son verre sur la table. Son regard tomba sur le verre d'Ursula, décoré d'une grande trace de rouge à lèvres. Elle revint à l'attaque :

— Mais vous ne dédaignerez sans doute pas d'en connaître une de plus, sussura-t-elle en approchant langoureusement son visage de celui de Frost.

A cette distance, il voyait en gros plan le crépi de fond de teint qui lui granulait la peau. Cela lui fit penser aux couches de plâtras que les travestis s'étalaient sur les joues pour dissimuler leur barbe. Comme par enchantement, son désir s'éteignit. Les lèvres d'Ursula luisaient comme si elle les avait huilées. D'un mouvement de langue circulaire, elle les lécha lentement, l'air gourmand, puis murmura :

— Embrasse-moi, Frost. J'ai envie de toi.

— Enfin, *señora*, vous n'y pensez pas ! Vous êtes la femme du général Pañero !

Ursula se raidit brusquement, une lueur meurtrière dans les yeux. Le deuxième sein en profita pour prendre ses aises et jaillit du peignoir, pratiquement sous le nez de Frost qui, instinctivement, leva la main pour protéger son œil valide.

— Parlons-en, du général Pañero ! Pour moi, ce n'est pas un mari, c'est un père. Bien sûr, j'ai beaucoup d'affection pour lui et il est très gentil avec moi. Mais une femme ne se contente pas de gentillesse. Il lui faut un homme. Un homme vigoureux, comme vous, *Capitán !*

D'après ce qu'avait dit Halston, c'était plutôt *des* hommes qu'il lui fallait.

— Non, *señora*, ce n'est pas possible. Je suis ici en mission officielle. Je ne peux pas me permettre des privautés avec la femme d'un client.

Ursula se leva. Elle dénoua sa ceinture et laissa le peignoir tomber sur le tapis. Frost ne put s'empêcher de contempler son corps épanoui, bien en chair. Ursula Pañero était ce qu'on pouvait appeler une belle plante. Le parangon de la femme en pleine maturité. Le Mercenaire laissa son regard errer sur les seins généreux, les hanches rondes, la petite toison cuivrée qui indiquait qu'elle ne se teignait pas les cheveux.

Ursula s'approcha, s'agenouilla devant Frost et croisa les bras sur ses genoux. Elle se fit suppliante :

— Une fois ? Une seule fois... Nous sommes seuls et personne n'en saura rien. Prends-moi ici, tout de suite. Viens, tu ne le regretteras pas. Je serai ton esclave soumise. Je me plierai à toutes tes fantaisies.

Perplexe, Frost se leva, alluma une Camel et alla prendre un cendrier de cristal sur le piano. Ursula tourna la tête vers lui, sûre d'elle. Avec une tordue pareille, il fallait être ferme. Le verdict tomba sèchement :

— Pas question !

Ursula se releva d'un bond. Ses yeux verts étincelaient de rage. La rage d'une femme bafouée, prête à tout pour se venger. Un petit sourire aux lèvres, Frost reposa le cendrier sur le piano et la regarda approcher.

— Très bien, déclara-t-elle. Puisque ça ne marche pas comme ça, on va employer les grands moyens. Tu vas me faire l'amour, je saurai t'y contraindre !

— Et comment ? demanda ironiquement Hank Frost.

— C'est très simple. Si tu ne me donnes pas satisfaction, je raconterai à mon mari que tu as forcé ma porte et que tu m'as violée. Il a une confiance aveugle en moi. Il me croira et tu seras passé par les armes.

Frost comprit pourquoi Halston lui avait dit qu'elle faisait des ravages. Plus d'un homme avait dû passer entre ses draps par simple trouille du général Pañero. Cette femme méritait une bonne leçon. Le chantage était une chose qu'il n'avait jamais supportée. Il décida de la moucher.

Il se retourna, écrasa dans le cendrier sa Camel à peine entamée puis posa les coudes sur le piano et se prit la tête entre les mains, comme anéanti par la menace qu'elle venait de proférer. Derrière lui, il entendit le bruit feutré des pieds nus foulant l'épais tapis.

Il sentit les seins d'Ursula qui se pressaient contre son dos, ses mains qui lui massaient les biceps puis les pectoraux. Sûre de sa victoire, elle se radoucit et chuchota d'une voix câline :

— Allez, viens. Tu ne seras pas déçu.

Le Mercenaire lui fit face et la prit dans ses bras, l'air complètement dominé. Ursula glissa une cuisse entre les siennes et amorça un voluptueux mouvement de friction. Puis elle attrapa dans son dos la main gauche de Frost, la ramena par devant et l'appliqua sur son sein. L'Américain la caressa. Il sentit la petite pointe du sein se raidir au creux de sa paume.

Et soudain, malgré sa résolution, il se sentit raidir aussi. Le désir l'emportait. Cette chair onctueuse sous ses mains, les caresses qu'Ursula lui prodiguait, c'en était trop. Il lui plaqua la main droite au creux des reins et l'attira contre lui.

Les lèvres vermeilles s'ouvrirent, le visage maquillé approcha. A nouveau, Frost eut un gros plan sur le plâtras granuleux. Brusquement, sa main s'abattit sur les fesses d'Ursula en claquant comme un coup de fouet. Il avait dû y laisser la marque de ses cinq doigts.

— Qu'est-ce qui te prend ? cria Ursula.

— Il me prend que si j'ai envie de baiser une putain, j'irai au bordel. Tu piges, ma douce ?

Un rugissement de tigresse blessée fit vibrer les cordes du piano :

— *Mal criado ! Cabrón ! Puerco !*

Pas très bien élevée, pour une grande dame.

Ursula continuait à brailler. Frost espéra que les murs étaient bien insonorisés sinon, elle allait ameuter tout le palais.

— Goujat ! Salaud ! Disparais de ma vue ! Fous le

camp d'ici ! Mais je te garantis que tu auras de mes nouvelles !

— Avec grand plaisir, *señora* Pañero, répondit Frost en esquissant une courbette.

Puis il pirouetta sur les talons et déguerpit dans le couloir moquetté.

Il refermait la porte de l'appartement lorsqu'une voix féminine résonna dans le corridor :

— Alors, capitaine Frost, la séance de sport en chambre vous a donné satisfaction ?

CHAPITRE V

Hank Frost pivota sur place.

Estefania Armendariz achevait de descendre l'escalier du second étage. Elle regarda Frost approcher, les mains sur les hanches.

— Ah, c'est du joli, capitaine Frost ! Vous aussi, vous êtes tombé dans les pièges de cette traînée...

— Mais, *señorita,* je vous assure...

— Vous sortez de chez elle ! Et si vous pouviez vous voir... Vous avez l'air d'un lit défait. En ce moment, Ursula doit être en train d'inscrire votre nom sur la liste de ses amants avec la mention « très bien », « bien » ou « passable ». Elle donne toujours des notes à ses amants. C'est mon père qui me l'avait dit. Elle lui avait fait ses confidences un soir qu'elle avait un peu forcé sur le *pulque.* Quand je pense que c'est ça ma famille... Heureusement qu'il me reste *Tío.*

— *Tío ?*

— Mon oncle, le général. A propos, je sors de chez lui et il m'a dit qu'il voulait vous voir. S'il savait d'où vous venez, le pauvre, je crois qu'il en aurait un malaise.

— Comment ça un malaise ? demanda le Mercenaire. Le général a des problèmes de santé ?

— Ah, vous ne saviez pas... J'ai dû faire une gaffe... Eh bien oui, le général a des problèmes de santé !

La voix était agressive et les grands yeux couleur cachou exprimaient un mépris sans bornes. Ça commençait très bien avec les femmes de la maison...

— C'est grave ? demanda Frost.

— Assez pour me faire aussi peur que tous ces attentats. Un de ces jours, même s'ils le ratent, ils arriveront à le faire mourir d'un arrêt cardiaque.

— Ça alors ! s'exclama Frost. J'étais à cent lieues de penser que le général était cardiaque.

— Eh bien maintenant, vous le savez, lança sèchement Estefania.

Frost avait l'impression que ce n'était pas la même fille que la veille. Elle avait troqué son tailleur noir contre un jean délavé et ses souliers à talons contre des sabots de liège. Le T-shirt blanc qu'elle portait enfilé dans son gros ceinturon arborait le slogan « *Dentistry, I Care* » et un dessin de Snoopy tenant une brosse à dents. En dehors de ses yeux un peu battus, rien ne montrait qu'elle était en deuil.

— Allez ! Montez le voir ! dit-elle d'un ton sévère. Il doit vous faire chercher partout. S'il savait d'où vous venez...

— Mais enfin..., commença Frost.

Oh, et puis il n'avait pas à se justifier devant cette gisquette ! Il n'avait de comptes à rendre qu'à son employeur. Et son employeur était le général. Il salua d'un signe de tête et s'engouffra dans l'escalier.

Une pointe d'appréhension l'effleura au moment où il frappa au bureau du général. Ursula était-elle capable de mettre ses menaces à exécutions ?

— Entrez ! aboya Montesinos. Ah, c'est vous, Hank ! Il y a un moment que je vous ai fait appeler. Asseyez-vous.

Frost s'assit et le général enchaîna :

— Vous n'ignorez pas que les guérilleros ont fait dernièrement une incursion jusqu'à Puerto Barrios.

Le général se leva, marcha jusqu'à une carte punaisée au mur et pointa un stick sur la localité.

— Voyez, reprit-il, c'est ici, sur le golfe du Honduras. J'ai sur place une centaine d'hommes aux ordres d'un jeune officier, le commandant Medellín. Ses soldats ont pu repousser les guérilleros qui se sont repliés. Selon toute vraisemblance, ils ont gagné les camps situés dans les forêts du Petén, ici.

Le général indiqua une autre région, plus à l'est.

— En quoi suis-je concerné, Général ? demanda Frost.

— Par le fait que je tiens à aller me rendre compte par moi-même de la situation. Les communications sont très difficiles, les routes impraticables. Le seul moyen de transport viable est l'avion ou l'hélicoptère. Cela ne va pas sans présenter un certain nombre de risques. Vous êtes chargé de ma sécurité : vous allez organiser le voyage avec le général Pañero.

Pour présenter des risques, ça en présentait. Et

de gros. Mais Frost comprit qu'il n'y avait pas à discuter.

— Quand voulez-vous partir, Général ? demanda-t-il.

— Demain matin à la première heure. Le général Pañero vous attend en bas, dans le petit salon qui jouxte la chambre de ma nièce. Au travail, Hank !

— Très bien, Général.

Frost salua et sortit. Avant d'aller rejoindre Pañero, il inspecta rapidement les factions qu'il avait mises en place. Tout était en ordre. Le Mercenaire acheva sa ronde par la salle de garde située sous l'une des grandes arcades vert tilleul du Palacio Nacional. Il voulait voir les armes qu'il avait commandées.

Bilstein et Craymer étaient de service. Ils venaient de recevoir les armes et les avaient étalées sur une grande table.

— C'est de la belle quincaillerie, apprécia Craymer.

— Voyons ça, dit Frost, en prenant le Steyr-Mannlicher SSG .308.

La crosse de plastique vert n'était sans doute pas du plus heureux effet mais avec la lunette Kahles, c'était un fusil de précision très efficace. Il y avait six pistolets mitrailleurs MAC-10 calibre 45 avec des silencieux et un stock de chargeurs de trente cartouches. Les pistolets automatiques et les fusils d'assaut CAR-16 à tir sélectif, spécialement fabriqués avec canons télescopiques, complétaient l'armement.

Satisfait, Frost gagna le petit salon où l'attendait Pañero. Ils passèrent la fin de l'après-midi à travailler d'arrache-pied pour déterminer la route à prendre, organiser le transport et la protection héliportés et concevoir des opérations au sol pour occuper les guérilleros. Frost jugeait ce point particulièrement important. Détourner l'attention des éventuels agresseurs lui paraissait l'un des meilleurs moyens d'assumer la sécurité du convoi. Pañero se montra très compétent dans l'organisation des manœuvres de diversion.

Il se montra également coopérant et bienveillant. Frost en conclut que son adorable épouse ne lui avait pas parlé.

Leur travail achevé, Frost fit un rapide contrôle de la garde, passa prendre quelques provisions de bouche aux cuisines et monta directement à sa chambre. Il voulait se coucher de bonne heure pour être en forme le lendemain. De plus, après leur joyeuse entrevue de la mi-journée, il préférait ne pas créer d'occasions de rencontrer Ursula Pañero.

A cinq heures et demie, il fut réveillé par Barbra Streisand qui chantait *Woman in Love.* Il augmenta le son de son radio-réveil. Ça l'aida à s'arracher au sommeil. Il se leva en pleine forme et fila sous la douche.

Sa longue mèche noire était encore mouillée et collée sur son front lorsqu'il entra dans la cuisine, une première Camel au coin de la bouche.

— *Buenos días, mama!* lança-t-il en s'asseyant à la grande table de bois.

Une cuisinière chenue à la figure ridée comme une vieille pomme approcha en ronchonnant et déposa sur la table une cafetière fumante et des pains chauds.

— *Gracias, mama!* remercia le Mercenaire en humant à pleines narines les effluves du café.

Il savourait voluptueusement ces derniers instants de calme. Car la journée allait être longue et dure. Il comprit qu'elle allait commencer plus tôt que prévu en voyant entrer un Gillette à la mine décomposée. Frost fronça le sourcil :

— Eh bien, Arthur, qu'est-ce qui se passe ? Les Sioux ont décidé de reconquérir la Montagne Sacrée ?

— Marre-toi, grogna Gillette. Les étudiants entrent dans la danse.

— Ah ouais ? dit Frost. Viens quand même casser la croûte et raconte-moi ça.

Gillette s'assit. La vieille apporta un autre bol et du beurre en marmonnant une longue tirade entre les dents qui lui restaient. Frost ne saisit qu'un mot : *yanquís*. De toute façon, depuis trois jours qu'il l'entendait, il avait renoncé à la comprendre.

— Ça n'est pas des petites manifs de rigolos, reprit Gillette en trempant un petit pain dans son café. Cette nuit l'armée a dû intervenir pour écraser une émeute. Trois morts et une douzaine de blessés chez les soldats de Pañero. Ils ont retrouvé cinq cadavres de rebelles mais il y en avait sûrement plus.

— Aïe ! Ça a l'air sérieux.

— C'est pas tout. Six cocktails Molotov ont été lancés contre la banque centrale. Encore deux morts. Et, ce matin, une bombe a été désamorcée devant l'ambassade des Etats-Unis.

— Merde, merde et merde, gronda Frost en écrasant sa cigarette. Impossible de laisser le palais sous la seule protection de la garde. On va se scinder en deux. Six d'entre vous viendront avec moi et les six autres resteront ici. Tu sais où est Pañero ?

— Il vient de passer au poste de garde. C'est lui qui nous a annoncé ces bonnes nouvelles.

— OK, dit Frost. Je vais lui demander de placer ses hommes sous les ordres des mercenaires qui resteront au palais. Je ne tiens pas à ce qu'il arrive quelque chose à sa femme ou à la petite Armendariz pendant qu'on sera à Puerto Barrios.

Lorsque les petits pains et le contenu de la cafetière furent passés dans leur estomac, les deux hommes se levèrent. Frost salua d'un :

— *Adios, mama !*

La vieille grommela une réponse inintelligible. A la sortie des cuisines, l'homme au bandeau noir se tourna vers son subordonné :

— Gillette, tu vas rester ici et tu...

— Mais on avait prévu que...

— C'est un ordre !

L'air frustré, Gillette baissa pavillon :

— Bon, OK, *Captain*...

— Tu prendras la tête du détachement. Et pas question de laisser les femmes sortir sous quelque prétexte que ce soit. Restez intraitables même si elles poussent les hauts cris et vous menacent des pires malédictions. Et ne vous laissez pas avoir au charme, surtout avec la *señora* Pañero.

— Compris, assura Gillette, la mine angélique.

Pañero était toujours au poste de garde. Depuis leur collaboration de la veille, Frost avait l'impression qu'une certaine chaleur s'était installée entre eux. En le voyant entrer, le général lui tendit cordialement la main. Soit Ursula n'avait pas mis ses menaces à exécution, soit ses mensonges n'avaient pas eu l'effet escompté.

Le Mercenaire demanda à l'officier de sortir et l'entraîna sous la grande arcade de pierre verte pour lui exposer les modifications de son plan.

— Tout à fait d'accord avec vous, approuva Pañero. Je vais immédiatement donner des instructions pour que la garde se mette sous les ordres de vos hommes. A tout à l'heure pour le départ.

— A tout à l'heure, Général.

Les deux hommes échangèrent une nouvelle poignée de main et Frost rentra dans le poste pour régler les derniers détails.

— Gillette !

— Oui, Capitaine.

— Tu vas prendre avec toi Carrington, Shoerdell, Kilner, Nifkawitz et Sturmer. Tu les placeras aux points stratégiques que je vous ai indiqués hier en vous distribuant le plan du palais. Pour la bouffe, vous vous la ferez apporter sur place. Pour le repos, pas de problème. On sera rentrés à la tombée de la nuit. Vous pourrez reprendre les tours de garde normaux. Pas de questions ?

— Pas de questions, répondit Gillette.

Il tourna les talons et partit organiser sa garde. Frost s'approcha du râtelier d'armes.

— Je prends un CAR-16 et six chargeurs de vingt cartouches, dit-il à Fledgette. Note ça sur le registre.

Fledgette nota. Frost posa l'arme sur la table, la

vérifia puis dégaina son Browning High Power à finition chromée. Il frotta le pistolet avec un chiffon sec puis le remit dans son holster diagonal Jerryrig. Ensuite, il sortit son Gerber MK-I, l'astiqua et le rengaina. Il était paré.

***

La flamme bleue du Zippo vacilla et s'éteignit, soufflée par les masses d'air qui s'engouffraient dans la carlingue. Sur ordre de Frost, les portes coulissantes des quatre hélicoptères étaient restées ouvertes pendant le vol. Malgré la chaleur qui régnait déjà à l'extérieur, il frissonnait presque de froid. Mais c'était le seul moyen efficace de surveiller le terrain.

Il fit à nouveau rouler la molette du briquet sous son pouce puis se résigna à fourrer la Camel tordue dans une poche de son treillis. Impossible de fumer dans ces conditions.

Frost détacha son regard du sol le temps de jeter un coup d'œil à son Omega. Trois quarts d'heure qu'ils avaient décollé. Après les hauts plateaux, la forêt tropicale avait repris possession du terrain. Comme prévu la veille avec Pañero, les trois hélicoptères d'escorte formaient un triangle autour de l'appareil qui transportait les mercenaires et les deux généraux.

Le lit du Motagua apparaissait au loin. De chaque côté du fleuve, la végétation était un peu moins dense.

Ils arrivèrent au-dessus du fleuve. Sur l'autre rive, Frost aperçut un éclat lumineux dans la verdure. Rien d'autre. Ça n'avait duré qu'une fraction de seconde mais il savait que quelque chose se préparait.

— Là ! hurla-t-il. A vingt degrés à droite. Feu !

Armés du Steyr-Mannlicher, de deux fusils d'assaut Colt CAR-16 et de trois MAC-10, les mercenaires se mirent à arroser le sol à l'endroit que Frost leur avait indiqué.

Frost se tourna vers le pilote :

— Virez de 45 degrés à gauche, puis à droite, et ainsi de suite. Zigzaguez comme ça jusqu'à ce que je vous dise d'arrêter.

Le balancement de l'appareil déséquilibra Fledgette et Craymer qui faillirent s'étaler les quatre fers en l'air au milieu de la carlingue. Ils se rétablirent et se remirent à tirer. Frost les avait rejoints, le fusil d'assaut à la main.

C'est alors qu'il vit le panache de fumée monter vers eux. Une roquette. Il regarda, presque médusé, l'engin de mort qui allait les percuter. Puis, miraculeusement, le pilote amorça un autre virage. La roquette passa et explosa à cinquante mètres.

Frost poussa un soupir et commença à mitrailler la zone repérée. Il ne voyait plus rien au sol. Les sept hommes tiraient à l'aveuglette dans le feuillage, à l'endroit où devait se trouver le lance-roquettes. Aucun autre projectile ne s'élevait de l'épais manteau de verdure. Présumant que l'objectif avait été atteint, Frost ordonna au pilote de reprendre la route normale. Derrière eux, la forêt impénétrable s'était refermée sur la mort anonyme.

Ils survolèrent bientôt l'étendue bleue du lac Izabal. Frost savait qu'ils n'avaient rien à craindre, maintenant. Aucun guérillero ne serait assez fou pour les attaquer à partir d'un bateau. L'hélicoptère perdit de l'altitude. Ils arrivaient à Puerto Barrios. Au-delà, c'était le golfe du Honduras et, à huit cents kilomètres au nord, l'île de Cuba...

Les hélicoptères d'escorte se posèrent les premiers. Puis celui de Montesinos atterrit au milieu du triangle. Une cinquantaine de soldats des forces détachées à Puerto Barrios se précipitèrent au pas de course, le M16 à la main. Lorsque Frost mit pied à terre, ils avaient formé un cercle autour de l'appareil et présentaient les armes.

Le cercle s'ouvrit. Un commandant s'avança. Frost supposa que c'était le commandant Medellín, dont lui avait parlé le général. L'officier supérieur passa devant Frost sans même lui accorder un regard puis se figea au garde-à-vous lorsque Pañero débarqua, suivi de Montesinos.

Les trois officiers échangèrent quelques phrases que Frost n'essaya même pas de comprendre. Les politesses d'usage, probablement. Puis il entendit prononcer son nom et le commandant se tourna vers lui, la main tendue. Ils échangèrent une poignée de main puis Medellín donna un ordre et un petit groupe d'hommes se détacha du cercle pour entourer les deux généraux.

Frost fit un signe à ses six hommes et s'interposa. Le commandant recula d'un pas et lui lança un regard étonné.

— Excusez-moi, Commandant, dit Frost, parlez-vous anglais ?

— Un peu.

— Très bien. Je suis chargé de protéger le général Montesinos.

Le regard étonné se changea en regard furieux. Pañero intervint :

— C'est vrai, Medellín, le *capitán* Frost est chargé de la sécurité. Mais soyez tranquille, *Capitán*, le commandant est un homme de confiance. Ce n'est pas de lui que nous pourrions craindre un mauvais coup. Ou bien c'est à désespérer de tout...

— Je n'en doute pas, répliqua Frost. Mais je dois faire mon travail, excusez-moi.

Et il disposa ses hommes autour de Montesinos qui considérait la fureur de Medellín avec un petit sourire ironique. Frost à son tour observa le jeune commandant. Il n'aurait su dire pourquoi mais, n'en déplaise à Pañero, l'homme ne lui inspirait pas une confiance absolue.

Pañero désigna quelques hommes pour garder les hélicoptères puis rassembla le reste de ses soldats autour des mercenaires et le cortège se mit en route. Le général Montesinos tenait à traverser la ville afin de se rendre compte *de visu* des dégâts causés par l'incursion des guérilleros. Il voulait aussi vérifier que les vivres et les médicaments envoyés de la capitale étaient suffisants.

Apparemment, les dégâts étaient moins sérieux qu'on aurait pu le penser. En revanche, la misère, la crasse et la famine étaient partout. Frost en avait le ventre noué.

Sur le port, un groupe d'enfants accroupis devant un baraquement délabré s'amusait à écraser à coups de pierres les *cucarachas* qui grouillaient à cet endroit. Yeux cernés, ventre ballonné, membres grêles, ils crevaient visiblement de faim.

Montesinos écarta les hommes du cordon de protection et approcha. Les gosses, effrayés par l'apparition de cet imposant personnage, s'éparpillèrent en courant sur les docks. Frost s'élança et rattrapa le général au moment où il posait la main sur l'épaule d'une petite fille qui lui tournait le dos et ne l'avait pas vu arriver.

La gamine leva des yeux terrorisés vers ce grand militaire à la poitrine couverte de décorations.

— N'aie pas peur, mon enfant, dit le général. Et d'abord, comment t'appelles-tu ?

— Paquita, répondit la fillette d'une voix timide.

— Quel âge as-tu, Paquita ?

— Huit ans, *señor*.

Frost ne lui en aurait pas donné plus de six.

— Tu as mangé ce matin, Paquita ?

— *No, señor.*

— Et hier soir ?

— *No, señor.*

— Et hier midi ?

— *No, señor.*

— Comment ! s'exclama le général. Mais depuis combien de temps n'as-tu pas mangé ?

— Je ne sais plus, *señor*.

— C'est insensé ! Et tes camarades n'ont rien à manger non plus ?

— *No, señor.*

— Comment faites-vous quand vous avez faim ?

— Quelquefois, les pêcheurs nous donnent les poissons qu'ils ne vendront pas. Les jours où il n'y a pas de poissons, nous allons à la décharge.

— Manger les détritus ?

— Oui, *señor*.

L'air profondément remué, Montesinos se retourna.

— Medellín ! cria-t-il. Que sont devenus les vivres que j'avais fait envoyer ? Ils n'ont pas été distribués ?

— Eh bien... C'est-à-dire que..., bafouilla le commandant. Il y a eu des problèmes administratifs...

— Dans ce cas, pourquoi n'avez-vous pas fait distribuer les rations de campagne que vous avez en stock ? Vos hommes mangent à leur faim, je suppose.

— Je... C'est vrai, mon général. Je... j'aurais dû y songer.

— Allez immédiatement puiser dans vos stocks et faites distribuer des rations. C'est une honte de laisser des enfants dans un état pareil !

L'air gêné, Medellín aboya un ordre. Aussitôt, un jeune officier partit en direction du cantonnement.

Paquita avait profité de l'intermède pour filer. Le général se retourna et, secouant la tête d'un air accablé, la regarda s'éloigner sur ses petites jambes au milieu des caisses qui encombraient les docks.

A cet instant, Frost entendit un bruit de moteur souffreteux sur la mer. Il regarda. Une barque de pêche se dirigeait vers le quai. Rien de plus normal. Ce qui l'était moins, c'était la grande bâche qui recouvrait entièrement l'embarcation. Aucune présence humaine n'était repérable à bord. Et Frost n'avait encore jamais vu une barque à moteur se diriger toute seule.

Le général avait toujours les yeux fixés sur la fillette. Frost fit un rapide pas de côté pour s'interposer entre l'officier et le bord du quai. Il était temps. La bâche se souleva. Un homme se dressa dans la barque, pistolet-mitrailleur à la hanche.

— A plat ventre ! rugit le Mercenaire.

CHAPITRE VI

L'homme ouvrit le feu aussitôt.

Empoignant son CAR-16, Frost visa la barque et tira de courtes rafales de trois ou quatre balles. En une fraction de seconde, les mercenaires se jetèrent au sol et ouvrirent le feu à leur tour.

A bord de l'embarcation, le pistolet-mitrailleur crépitait rageusement. Les rafales déchiquetaient l'eau graisseuse du port, soulevant de petites gerbes irisées. Du coin de l'œil, Frost vit le général dégainer et, bientôt, il entendit les jappements de son revolver. Sur la barque, la bâche était criblée de balles et Frost voyait voltiger les éclats de bois arrachés par les projectiles. Mais l'homme tirait toujours.

— Feu ! hurla Medellín.

« Pas très rapide à la détente, le commandant », songea Frost. Les fusils de ses soldats se joignirent au concert. Un peu tard. Le terroriste venait d'être touché. Il se détendit dans un spasme en lançant les bras vers le ciel. Frost vit sa bouche s'ouvrir mais n'entendit pas son cri couvert par les coups de feu. Le pistolet-mitrailleur pirouetta dans les airs puis tomba à l'eau. L'homme bascula par-dessus le plat-bord et disparut dans une grande tache d'écume. Déséquilibrée par la chute de son occupant, l'embarcation décrivit une large boucle et, livrée à elle-même, repartit vers le large.

Les hommes de Medellín continuaient à tirer comme des forcenés.

— Halte au feu ! hurla Frost. C'est fini !

Personne ne lui obéit.

— Halte au feu ! finit par crier Medellín.

Cette fois, le feu cessa. « Pas étonnant que les guérilleros aient pu entrer dans la ville, se dit Frost. Avec des adversaires pareils, ce n'était vraiment pas très dur. »

Montesinos se releva, rengaina son Colt Python 357 Magnum et se tourna vers Frost.

— Merci, Hank, dit-il en lui assenant une solide claque sur l'épaule. Une fois de plus, je vous dois la vie. Vous avez remarquablement réagi.

Malgré lui, Frost s'entendit répliquer :

— On ne peut pas en dire autant de tout le monde.

— J'ai remarqué, répondit le général.

Il se retourna vers Medellín :

— Medellín, regagnez vos quartiers. Je poursuivrai ma visite en compagnie du général Pañero, du capitaine Frost et de leurs hommes. Nous monterons inspecter le cantonnement dans l'après-midi.

— A vos ordres, mon général ! lança Medellín.

Il brailla un ordre, relayé par ses subordonnés, et la petite troupe s'éloigna à pied.

Frost regarda sa montre. Onze heures. Il faisait une chaleur torride, à peine atténuée par la brise marine. Au moment où Medellín et ses hommes disparaissaient, deux camions militaires arrivèrent sur les docks. Un capitaine de petite taille mais incroyablement large d'épaules sauta à terre et s'avança vers Montesinos. Immédiatement, Frost se plaça devant le général afin de faire barrière. Il n'avait plus du tout confiance en Medellín ni en aucun de ses hommes. Frost dégaina son High Power chromé et regarda l'officier approcher. Sa structure lui fit penser à celle d'un coffre-fort. Il portait une énorme moustache brune en guidon de vélo.

Arrivé à quatre pas du général, le capitaine moustachu s'arrêta, claqua les talons et se présenta :

— Capitaine Gromacho. J'apporte les rations, mon général.

— Très bien, dit le général. Combien êtes-vous ?

— Quatre soldats, un sous-officier et moi-même, répondit Gromacho.

— Et vous pensez pouvoir rassembler les affamés et leur distribuer les vivres avec des effectifs aussi ridicules ?

— Je..., bredouilla Gromacho.

— Rappelez-moi immédiatement les soldats de Medellín, ordonna Montesinos. Ils vous aideront. Même avec eux, vous en aurez pour plusieurs heures.

— A vos ordres, mon général !

Gromacho claqua les talons et retourna à son camion. Frost le vit manipuler un walkie-talkie en se disant qu'il était sûrement plus doué en haltérophilie qu'en tout autre chose. Cinq minutes plus tard, la cinquantaine de soldats qui les avaient accueillis en compagnie de Medellín réapparaissaient sur le port, encadrés par quatre sous-officiers.

Le général supervisa le début des opérations puis consulta sa montre et déclara :

— Retournons aux hélicoptères pour déjeuner.

Aller déjeuner dans les appareils alors qu'ils pouvaient très bien se faire servir un repas au cantonnement, prouvait que Montesinos aussi concevait de sérieux soupçons à l'égard de Medellín. Plus Frost côtoyait le général, plus il se prenait à l'apprécier. L'homme était intelligent, sensible. Son attitude avec la gamine l'avait particulièrement touché. Chef d'une junte militaire, certes. Dictateur, non. D'ailleurs, Frost commençait à avoir une petite idée des motivations personnelles du général. Face aux graves difficultés que connaissait le pays, il était clair que cet homme ne pouvait se résoudre à confier le pouvoir à un gouvernement faible. Il fallait un gouvernement fort, avec un homme fort à sa tête, pour sortir le Guatemala de cette mauvaise passe. Ensuite, peut-être...

Après avoir avalé ses sandwiches et bu un café tiède, Frost se leva. Il confia la garde du général à Fledgette et Craymer en les menaçant de les étriper lui-même s'il arrivait quelque chose puis s'approcha de Pañero.

— Vous n'avez pas besoin de vous dégourdir les jambes, général Pañero ?

Avec un clin d'œil complice, Pañero suivit Frost à l'écart.

— Que voulez-vous, *Capitán ?*

— Savoir un peu ce que vous pensez de Medellín. Je m'inquiète au sujet de cette inspection du cantonnement.

— Que voulez-vous qu'il arrive ? fit Pañero.

— La même chose que sur le port mais avec cinquante ou soixante hommes. Le général aurait moins de chances de s'en sortir indemne.

— Vous croyez ?

— Si je crois ? répondit le Mercenaire d'un ton grinçant. J'en suis presque persuadé, oui. Vous ne trouvez pas bizarre la brusque disparition des vivres et des médicaments ? Vous ne trouvez pas bizarre que le commandant Medellín ait mis si longtemps à réagir quand ce type a ouvert le feu sur le général ?

— Effectivement, j'ai été étonné, avoua Pañero. Mais, pour l'attentat de ce matin, je pense qu'il a été surpris, voilà tout. Ça peut arriver à n'importe qui.

— Admettons, concéda Frost. Et les vivres ? Et les médicaments ?

— J'avoue que ça me laisse perplexe mais je suis persuadé que Javier aura une explication à nous fournir quand nous irons inspecter ses quartiers.

— Javier ?

— Le commandant Medellín, répondit Pañero. C'est son prénom.

— Vous êtes intimes ? demanda Frost.

— Pas vraiment. Mais il a été sous mes ordres à l'Académie Militaire. Je le trouvais brillant, sympathique. Nous le recevions souvent à dîner à l'époque.

Frost se demanda si « Javier » n'avait pas été plus intime avec la *señora* Ursula qu'avec son mari.

— A votre avis, reprit-il, quel genre d'explication va-t-il donner pour la disparition des vivres et des médicaments ?

— Je ne sais pas. Je... Non, je ne vois pas.

— Je l'ai moi, votre explication, déclara Frost. Vous la trouverez quelque part dans les forêts du Petén.

— Comment ! s'exclama Pañero. Chez les guérilleros ? Vous voulez dire qu'il nous trahit ? Jamais Javier ne ferait une chose pareille !

— J'ai le sentiment du contraire, affirma le Mercenaire. Et je juge très risqué que le général aille inspecter le cantonnement.

— Essayez donc de le faire changer d'avis, ricana Pañero.

— Je sais que je n'y arriverai pas. C'est pourquoi je voudrais que vous interveniez. En tant que parent et homme de confiance, je pense que vous pourriez avoir une influence sur le général.

— Vous vous trompez. Je n'ai jamais pu le faire revenir sur une décision. Et d'ailleurs, je vous assure qu'il n'y a aucun danger.

— Je vous aurai prévenu, laissa tomber Frost d'un ton glacial. Vous prenez vos responsabilités.

— Totalement, répondit Pañero en faisant volte-face vers l'hélicoptère.

Les quartiers de Medellín se composaient de baraquements en préfabriqué. Une maison en dur voisine avait été réquisitionnée pour servir de poste de commandement. En raison des risques d'attaques par les guérilleros, les habitations proches avaient été évacuées.

Les quartiers étaient à moins d'un kilomètre du terrain où s'étaient posés les hélicoptères. Le général qui voulait tout examiner de près refusa de se faire envoyer un véhicule et décida de faire le trajet à pied. A l'approche des baraquements, situés à la sortie est de la ville, la route décrivait un virage abrupt. Le général et sa suite entrèrent dans la zone évacuée. Beaucoup de maisons étaient pratiquement en ruines. Presque partout, les portes et les fenêtres avaient été condamnées à l'aide de grosses planches.

« L'endroit rêvé pour une embuscade », songea Frost. Mais il n'avait pas assez d'hommes pour faire visiter chaque maison. Il préféra masser ses forces autour du général pour l'éventualité d'un coup dur.

Au détour du virage, Frost et la garde du général s'arrêtèrent net. Cinquante à soixante hommes barraient la route, le commandant Medellín à leur tête. Frost dénombra deux mitrailleuses montées sur des trépieds et une douzaine d'hommes armés de pistolets-mitrailleurs. Les autres portaient des M-16. Avec les six mercenaires et les quelque vingt-cinq hommes de Pañero, il ne pouvait pas compter sur la supériorité du nombre.

Il pensa aussi au capitaine Gromacho, en train de distribuer les rations sur le port avec une cinquantaine d'hommes. Si Medellín le rappelait par walkie-talkie, leurs carottes étaient cuites. Ils ne tiendraient pas longtemps pris en sandwich entre les deux groupes d'hommes armés.

Montesinos se remit en marche. Frost et Santarelli voulurent lui faire rempart de leur corps. Il les écarta d'un geste autoritaire, fit encore deux pas et s'arrêta.

— Alors, Medellín ! cria-t-il. C'est donc ça le petit jeu auquel vous jouez ! Puis-je au moins savoir pourquoi ?

Pour ne pas être en reste, Medellín s'avança aussi de quelques pas, s'immobilisa et répliqua :

— Rendez-vous ! J'ai posté des hommes dans les maisons abandonnées et le capitaine Gromacho arrive pour vous prendre à revers. Vous n'avez aucune chance. Si vous vous montrez raisonnable, il ne vous sera fait aucun mal.

— Medellín, répondez à ma question, répéta le général. Je veux savoir pourquoi vous faites ça.

— Parce que vous êtes un tyran. Vous avez trahi votre peuple !

— S'il y a un traître ici, c'est vous, Medellín ! Qui a détourné les vivres et les médicaments que j'avais fait envoyer ?

Le regard de Frost allait du général à Medellín puis de Medellín au général. Brusquement, il comprit que, depuis le début, Montesinos attendait cette confrontation. Il le vit glisser la main gauche dans son dos et soulever un pan de sa veste d'uniforme. Dessous, un petit émetteur était fixé au ceinturon. Le pouce du général pressa plusieurs fois le bouton d'appel. Le procédé était d'une simplicité enfantine mais permettait d'alerter un correspondant branché sur la même fréquence.

Le Mercenaire se tourna vers Pañero qui semblait figé par la stupéfaction. C'était clair, Montesinos avait secrètement fait venir des renforts dans la région. « Pourquoi ne m'en a-t-il pas parlé ? » s'indigna Frost en lui-même.

— Rendez-vous ! vous n'avez aucune chance ! hurla Medellín.

— Vous me connaissez bien mal ! riposta le général.

— Vous l'aurez voulu ! cria Medellín.

Il fit demi-tour et d'un pas raide, rejoignit ses troupes.

Aussitôt, Montesinos revint vers ses hommes. Frost tenait déjà le CAR-16 dans la main droite, prêt à faire feu. De la main gauche, il dégaina son Browning High Power à finition chromée, puis se tourna vers Montesinos et lui lança avec un sourire ironique :

— Merci, mon général ! il n'y a rien de tel que la confiance réciproque pour sceller un franche et saine collaboration.

— Je ne pouvais pas faire autrement, répondit Montesinos avec un petit sourire. Je voulais confondre ce traître moi-même, mais si je vous avais averti de mes soupçons, vous auriez tout mis en œuvre pour m'empêcher de risquer ma vie.

— Ouais, grogna le Mercenaire. Il y a des chances. J'espère simplement que les renforts ne nous feront pas faux bond.

Le général ne répondit rien. Frost tourna son regard vers les hommes de Medellín, à une trentaine de mètres. Le soleil, haut dans le ciel, faisait étinceler les armes. A cette distance, ça serait un affrontement à bout portant avec les fusils d'assaut et les pistolets-mitrailleurs. Frost eut l'impression d'entendre un lointain bourdonnement et leva l'œil vers le ciel bleu cobalt. Peut-être les hélicoptères amenant les renforts prévus par le général.

Medellín leva le bras gauche puis le rabaissa brusquement. Le signal du feu. D'un fauchage latéral, Frost jeta le général au sol tout en crispant son doigt sur la détente du CAR-16. Une grêle de projectiles ricocha sur la chaussée. Medellín n'avait pas bluffé. Il avait réellement posté des tireurs dans les maisons évacuées. Et Gromacho n'allait pas tarder à arriver par-derrière.

Dans la main gauche du mercenaire agenouillé près de Montesinos, le Browning High Power crachait ses balles de 115 grains chemisées à tête creuse. Un revolver aboya sur sa gauche. Frost tourna rapidement la tête et vit le général, dans une irréprochable position de tireur couché, pressant la détente de son Colt Python 357 Magnum. Le canon bleu foncé de l'arme scintillait sous le soleil.

« Un sacré bonhomme ! » pensa Frost en se remettant à tirer. Le chargeur du Browning fut le premier vide. Frost tira une courte rafale avec le CAR-16, glissa rapidement son pistolet dans sa ceinture, tira une nouvelle rafale et prit un chargeur neuf dans son petit sac de commando. Sans cesser de tirer avec son CAR-16, il sortit le Browning de sa ceinture, se le coinça entre les genoux et le rechargea.

Autour de lui, les hommes de Pañero tombaient comme des mouches dans le brouillard d'une bombe insecticide. Gromacho et ses hommes avaient dû arriver. Frost entendait des coups de feu et des rafales de pistolets-mitrailleurs qui crachaient la mort sur leurs arrières. Le rempart d'hommes qui entourait les mercenaires et les deux généraux mincissait à vue d'œil.

Frost avait déjà vu des carnages mais l'ampleur de l'hécatombe lui faisait monter la bile dans la gorge. Des corps mutilés gisaient sur le bitume. Des rigoles de sang s'écoulaient de chaque côté de la chaussée et se mêlaient aux détritus qui jonchaient les caniveaux.

— On ne peut pas rester ici ! beugla Frost. Repliez-vous vers cette maison.

Il avait crié de toutes ses forces pour se faire entendre dans ce barouf d'enfer. Saisissant Montesinos par un bras, il l'entraîna au pas de course vers la maison. Rapide coup d'œil par-dessus son épaule : il vit qu'au moins Pañero et trois mercenaires suivaient le mouvement en arrosant les troupes de Medellín qui se rapprochaient dangereusement.

D'un coup de pied, Frost défonça les planches qui barraient la porte. Le général se retourna, tenant le Colt Python à deux mains, et, jambes fléchies dans une position de tir style FBI, il canarda les assaillants pour couvrir Frost.

« Sacré vieux baroudeur ! » pensa Frost admiratif. La petite maison de plain-pied était tenue par quatre hommes armés de M-16. Frost arrosa l'unique pièce. Les défenseurs s'écroulèrent, agités de tressautements spasmodiques. Frost ne cessa le feu que lorsque les quatre hommes furent totalement immobiles. Montesinos, Fledgette, Craymer et Santarelli s'engouffrèrent à l'intérieur, suivis de Pañero et de quatre soldats.

Frost et ses trois hommes s'emparèrent des armes des morts, se précipitèrent aux fenêtres et vidèrent les chargeurs sur les soldats de Medellín qui se ruaient à l'assaut de la petite maison.

— Nom de Dieu ! hurla Frost. Mais qu'est-ce qu'ils foutent, ces renforts ?

— Ils arrivent. Je les entends, répondit le général.

Frost se tourna vers lui. Il s'était posté à une autre fenêtre avec deux soldats et le Colt à la main, canardait les assaillants.

Comment assurer la protection d'un homme pareil ? Secouant la tête d'un air désabusé, Frost renonça à l'empêcher de se battre.

Maintenant, Frost entendait distinctement le « flap-flap » des pales d'hélicoptères. Trois appareils piquaient vers les forces de Gromacho. Les mitrailleuses ouvrirent le feu, taillant ses troupes en pièces. D'autres hélicos arrivaient derrière.

Les soldats de Medellín commençaient à se replier vers leurs baraquements, dérisoire refuge. De l'autre côté de la rue, Frost vit ses trois autres mercenaires s'engouffrer dans une maison et la nettoyer. Quatre hommes de Pañero les suivirent à l'intérieur. Apparemment, c'était tout ce qu'il restait de l'escorte du général. Les autres avaient été décimés et jonchaient la chaussée en compagnie des tués du groupe de Medellín.

Quatre hélicoptères se posaient près des quartiers de Medellín, déversant des troupes fraîches qui encerclèrent les baraquements. L'issue du combat était maintenant évidente. La supériorité jouait en faveur des renforts appelés par le général. Déjà, dans la rue, le calme était revenu. Les hommes de Gromacho avaient été anéantis. En revanche, la mitraillade faisait rage du côté du cantonnement.

Le général quitta sa fenêtre, rengaina son Colt et se dirigea vers la porte.

— Où allez-vous ? demanda Frost.

— Chercher Medellín. Il n'a pas répondu à ma question.

— Je m'en doutais, soupira Frost. Et je pense que je ne pourrai rien faire pour vous en dissuader. Que suis-je au fond ? Un simple capitaine. Et vous êtes général. Mais vous m'avez embauché comme garde du corps et rien ne m'empêchera de vous accompagner.

En courant à ses côtés dans la rue, Frost nota que Montesinos avait le souffle court. Il se souvint des révélations d'Estefania sur l'état de santé de son oncle et croisa les doigts pour que le cœur tienne bon. Dans son dos, il entendit Pañero envoyer ses soldats rejoindre les survivants.

Ils arrivaient à la maison qui servait de PC à Medellín. Frost allongea la foulée, dépassa Montesinos et entra le premier. Personne. Le général le suivit à l'intérieur.

— Medellín ! cria-t-il. Montrez-vous ! Il ne vous sera fait aucun mal !

Frost entendit un claquement de bottes précipité dans la rue. Il se tourna vers la porte, prêt à faire feu. C'étaient Fledgette, Craymer et Santarelli.

— Holà ! Vas-y mollo ! grogna Santarelli.

— Vous n'aviez qu'à prévenir, imbéciles !

— Medellín ! répéta le général. Rendez-vous et vous aurez droit à ma clémence. Si vous résistez, je serai implacable !

Une porte s'ouvrit lentement, au fond de la pièce. Toutes les armes se braquèrent dans cette direction.

— Ne tirez pas ! cria le commandant Medellín.

Il sortit d'une pièce qui semblait être un petit salon, fit quelques pas, jeta son pistolet aux pieds du général et s'immobilisa, les mains croisées sur la tête.

— Vous voilà revenu à la raison, dit Montesinos. Je préfère ça.

Des bruits de pas et une respiration haletante se firent entendre derrière Frost. Il fit volte-face, sur le qui-vive. La silhouette massive de Pañero s'encadra dans l'ouverture de la porte d'entrée. Il était seul et s'adossa au mur, l'air épuisé. Frost le regarda en souriant. Pañero ne répondit pas. Visiblement, il avait du mal à retrouver son souffle.

— Alors, Medellín, reprit Montesinos, d'une voix dure, pourquoi avez-vous trahi ?

— Comment avez-vous su ? demanda le jeune commandant.

— Me prenez-vous pour un enfant, Medellín ? Pensiez-vous que j'enverrais des vivres et des médicaments sans m'assurer qu'ils arriveraient à bon port ? J'ai été immédiatement informé. Mais ce que je voudrais savoir, c'est les raisons qui vous ont poussé à me tendre ce piège grossier.

— Je vous les ai dites, lança le jeune commandant d'un ton revêche.

Le général laissa échapper un petit rire sec :

— C'est un peu léger, mon jeune ami. Que vous me preniez pour un tyran et pour un traître à mon peuple, c'est une chose. Nul n'est à l'abri d'une erreur de jeunesse. Mais de là à me tendre une embuscade... Pensiez-vous me faire disparaître et prendre le pouvoir à ma place ? Un officier de votre âge ? Qui vous a poussé ? Qui sont vos complices ?

Fledgette, Craymer et Santarelli, qui étaient allés inspecter la maison, réapparurent. Interrompant un instant l'interrogatoire, ils annoncèrent que les lieux étaient vides. Frost jeta un coup d'œil sur le cadran noir de son Omega : 15 h 25. Depuis 5 h 30 qu'il était debout, la journée avait été mouvementée. Un soleil implacable cognait sur les tuiles surchauffées, transformant en fournaise la petite maison d'*adobes*. Frost en avait plein ses bottes. Il avança de quelques pas et, sans cesser de tenir Medellín en respect, se laissa tomber sur une chaise.

— Alors ? lança le général sèchement. Qui vous a aidé à tramer ce sale petit complot ? Qui ?

— Non... non, bredouilla Medellín. Je... je ne peux pas.

— Ah ! fit le général. Ça progresse. Vous avez déjà à moitié avoué. Vous n'étiez donc pas seul...

— Non.

— Alors, je répète ma question : qui étaient vos complices ?

Le jeune officier promena un regard égaré sur les visages qui l'entouraient puis, d'un ton accablé, répéta :

— Je ne peux pas... Je ne peux pas...

— Voyons, Medellín, montrez-vous raisonnable, que diable ! Si vous parlez, je saurai faire preuve d'indulgence. Vous vous en tirerez à bon compte avec quelques années de prison. Mais si vous persistez dans votre stupide entêtement, ce sera le conseil de guerre et le peloton d'exécution !

Le général n'avait pas l'air de plaisanter. Le jeune

commandant sembla agiter intérieurement le choix qui lui était offert puis s'éclaircit la gorge.

— Très bien, prononça-t-il d'une voix mal assurée. Je sais ce qu'il me reste à faire. Je...

Un coup de feu claqua dans les oreilles de Frost. Une tache cerise se forma sur la veste de Medellín, à hauteur du cœur, et se mit à grossir à vue d'œil. Sous l'impact, le jeune officier recula d'un pas. Son dos glissa le long du mur et il tomba assis, jambes écartées. Puis ses yeux écarquillés s'immobilisèrent, figés à jamais dans la mort.

Frost se leva d'un bond, braquant son CAR-16 vers la porte.

CHAPITRE VII

Pañero rengaina son Colt 38 Super Government Model.

— Mais qu'est-ce qui t'a pris ? hurla Montesinos hors de lui.

— Comment ça, qu'est-ce qui m'a pris ? fit Pañero. Ce salaud a eu ce qu'il méritait, un point, c'est tout. Tel que je te connais, tu te serais contenté de l'exiler. Pour qu'il recommence ses sales manigances ailleurs ? Non merci. Voilà comment je traite la vermine, moi ! Je l'écrase sous mon talon !

— Mais, Miguel, il allait parler ! Me livrer le nom de ses complices...

— Parler ? Ce petit fumier ? Tu plaisantes ! T'emmener en bateau, oui. J'ai bien vu ses yeux hypocrites pendant qu'il mijotait sa petite sauce dans sa tête.

— Miguel... Miguel..., fit le général en secouant une tête accablée. Tu viens de commettre la plus grosse bêtise de ta vie.

Montesinos rengaina son Python et sortit dans la rue couverte de cadavres. Frost le rejoignit avec ses trois mercenaires.

Pañero suivit le mouvement. Il rattrapa Montesinos et bredouilla confusément :

— Pardonne-moi. Je... j'ai cédé à une impulsion stupide... Je... j'ai agi comme un imbécile...

— Je ne comprends pas, Miguel. Medellín était l'un de tes chouchous à l'Académie... Je croyais que tu avais de l'affection pour lui...

— Je l'aimais comme un père, répondit Pañero. Il remplaçait un peu le fils que j'aurais voulu avoir avec Ursula. C'est pour ça que j'ai tiré. Je... je me suis senti aussi trahi que toi, bafoué dans mon affection. Javier... Quand je pense que j'ai tué Javier...

Parfois, les réactions des militaires de carrière laissaient Frost comme deux ronds de flan.

— Suffit, maintenant, trancha le général. Ça ne sert à rien de ressasser. Rentrons !

Frost rassembla ses mercenaires. Tout le monde était vivant et indemne, à l'exception de Santarelli qui saignait légèrement d'une oreille.

— Hé ! Les potes ! ricana Fledgette. Matez un peu le Rital. Il a une escalope transformée en bifteck.

— Ta gueule ! grogna Santarelli. Avec les feuilles de chou que tu te trimballes, c'est à toi que ça aurait dû arriver. Vous avez déjà vu Fledgette quand il a le vent dans le dos, les gars ? Il faut lui mettre un sabot de Denver pour l'empêcher d'avancer tout seul !

Quelques gros rires éclatèrent. Le coup dur était passé. On était vivants. Ça faisait du bien de décompresser.

De l'escorte militaire qui avait accompagné le général, il ne restait que huit hommes. Plus des deux tiers étaient tombés dans cette rue sordide de Puerto Barrios. Du côté de Medellín, les pertes avaient été encore plus lourdes. Frost ne vit qu'une poignée de soldats sortir les mains en l'air des baraquements et remettre leurs armes à Mancebo qui commandait les renforts héliportés.

« Tout ces morts pour rien... » songea Frost en lançant un regard torve vers Pañero qui faisait battre le rappel des troupes. Avec onze hélicoptères, ils ne manqueraient pas d'appareils pour ramener à Ciudad de Guatemala les survivants et les prisonniers.

Le retour se passa sans incident. En fait, plus de la moitié des hélicoptères volaient à vide car le général avait laissé à Puerto Barrios un détachement placé sous la responsabilité du commandant Mancebo. Rien ne prouvait, en effet, que les guérilleros n'allaient pas revenir.

Il était presque neuf heures lorsque la Cadillac blindée du général et les jeeps des mercenaires passèrent sous les arcades du Palacio Nacional. Trois *camionetas* transportant les soldats fermaient le convoi.

Frost se fit déposer devant le poste de garde. Malgré la nuit, la chaleur était écrasante. Frost leva l'œil vers le ciel. Par l'ouverture de la grande arcade verte, il ne vit qu'un épais manteau de nuages teintés en rose bonbon par les lumières de la capitale.

— Pourvu que l'orage pète, ça ne ferait pas de mal, grogna-t-il en entrant, la sueur aux tempes, dans le poste de garde.

— Ça tu l'as dit, fit Gillette en s'épongeant le

front dans un grand mouchoir à carreaux. Et ça a été comme ça toute la journée.

— Alors, comment ça s'est passé ? demanda Frost.

— Ça baigne dans l'huile. Il paraît que les étudiants font un peu de chahut du côté de l'Avenida de las Américas et de l'Avenida de la Reforma, mais ici rien du tout. Rien entendu.

— Evidemment, dit Frost, c'est à l'autre bout de la ville. N'empêche que ça craint. Il suffirait d'une poignée de guérilleros infiltrés dans leurs rangs pour changer ça en émeute. Et les dames du palais ?

— Elles ont été sages comme des images. Et vous ? Des pépins ?

— Bof, la routine..., répondit Frost laconique. Si tu veux des détails, tu n'auras qu'à demander à Fledgette. Il est bien meilleur que moi pour raconter les histoires.

— Qu'est-ce qu'on fait maintenant que vous êtes rentrés ?

— Vous continuez comme ça jusqu'à une heure du matin. Les gars qui sont venus avec moi ont besoin de casser la croûte et de se reposer quelques heures. Moi aussi, j'ai l'intention de coincer ma bulle. Je passe aux cuisines prendre quelque chose à bouffer et, ensuite, si vous avez besoin de moi, vous me trouverez dans ma chambre. Si par hasard je n'y étais pas, lancez un appel par l'interphone, OK ?

— OK, répondit Gillette. Salut.

Dans sa chambre, Frost s'attaqua sans grand appétit aux saucisses et à la purée de *frijoles* (1) qu'il avait remontées des cuisines. Malgré la climatisation, l'air était lourd et presque moite. Le Mercenaire ouvrit l'une des deux boîtes de Budweiser trouvées dans le frigo et la vida presque d'un trait. La bière fraîche ne lui apporta qu'un bien-être passager. Il pêcha dans la poche de son treillis une Camel zigzaguante et l'alluma. La fumée lui râpa la langue. Il se sentait mal, nerveux, et ne parvenait pas à évacuer la tension de la journée. Ses vêtements sales, souillés de sang séché, lui collaient désagréablement à la peau.

Il tira une deuxième bouffée sur sa cigarette, l'écrasa et se leva. Il savait de qui n'allait pas. Ce n'était pas seulement le temps orageux, c'était cette odeur fétide qu'il traînait avec lui. L'odeur de la guerre et de la mort. Frost se déshabilla, roula ses vêtements en boule dans un sac ce plastique qu'il fourra au fond de la penderie et passa dans la salle de bains.

La douche lui fit du bien. Après s'être savonné le corps et les cheveux pour se débarrasser de la poussière mélangée à sa transpiration, il tourna le mitigeur sur la position « *frío* ». Le puissant jet d'eau froide crépita sur sa peau. Il se sentait revivre. Il se gargarisa un moment sous la douche puis s'aspergea le visage, éclaboussant toute la salle de bains.

Frost sortit de la douche, s'essuya approximativement pour ne pas détremper le tapis et rentra dans sa chambre. Il ouvrit la deuxième boîte de Budwei-

(1) Haricots noirs.

ser, s'assit à la table de bois sculpté et alluma une autre Camel. La bière avait déjà perdu un peu de sa fraîcheur mais la fumée de la cigarette lui parut beaucoup moins agressive. Il n'avait plus sommeil.

Lorsque la boîte de bière vide eut rejoint la première dans la corbeille à papiers, Frost se leva et alla se coiffer devant la glace. Puis il enfila une chemise propre, son pantalon blanc froissé et boucla le bracelet de son Omega à son poignet. Il était 22 h 15. Presque dix-sept heures d'horloge qu'il était debout et il n'avait toujours pas sommeil. Peut-être le temps orageux. Ou encore un peu de tension à évacuer...

Frost ceignit le holster contenant son High Power, passa sa veste et, chaussé d'espadrilles, descendit dans le petit salon du rez-de-chaussée. Il y avait une bibliothèque, un bar bien garni et on venait d'y installer un poste de télévision. Le général avait mis le local à la disposition des mercenaires qui n'étaient pas de service. A cette heure, Frost avait toutes les chances d'y être seul et tranquille.

Effectivement, il n'y avait personne. Frost prit une bouteille de *tequila* dans le bar, un verre et alla s'installer à une table face à la porte-fenêtre. Dehors, un éclair jeta une lueur bleue sur le patio, faisant naître des ombres fantasmagoriques dans les massifs d'arbustes. Frost se servit un verre de *tequila*.

Il but une petite gorgée d'alcool. Un grondement lointain fit vibrer les vitres. Le tonnerre? Frost n'était pas sûr. Peut-être les étudiants échauffés qui avaient fait exploser quelque chose, ou le Fuego qui s'apprêtait à faire des siennes. Il se leva, ouvrit la porte-fenêtre en grand et revint à la table. Il avait envie de voir l'orage éclater. De sentir l'air bienfaisant envahir la pièce et y apporter ses odeurs de terre humide et d'arbres en fleurs. Il savait qu'il ne dormirait pas avant la pluie.

Il alluma une Camel et souffla la première bouffée par le nez en contemplant distraitement le liquide clair qui dansait dans son verre. En buvant une seconde gorgée de *tequila*, il crut entendre un froissement discret sous la véranda, près de la porte-fenêtre. Le vent qui se levait ? Un nouvel éclair zébra le ciel. Non, les arbres étaient rigoureusement immobiles.

Frost dégaina son Browning.

— Eh bien, capitaine Frost, c'est ainsi que vous accueillez les gens ?

Estefania Armendariz entra par la porte-fenêtre. Avec ses espadrilles et ses socquettes blanches, sa jupe blanche plissée et sa chemise de coton blanc à épaulettes et poches plaquées sur la poitrine, elle avait l'air d'une collégienne.

— La déformation professionnelle, répondit Frost en rengainant son pistolet.

— Je vois, ricana la jeune fille. Chacun montre la carte de visite qu'il peut.

— Que voulez-vous dire par là ?

— Oh rien... Mais si c'est comme ça que vous vous êtes présenté à Ursula, elle a dû vous sauter dessus comme une louve affamée. Elle a un très net penchant pour les machos.

Décidément, Estefania ne portait pas la tante

Ursula dans son cœur. Aussi agressive et méprisante que la veille. Peut-être bien jalouse...

— Je ne sais pas si j'entre dans cette catégorie, dit Frost avec un sourire en biais. Mais si ça peut vous rassurer, sachez qu'il ne s'est rien passé entre la *señora* Pañero et moi. Enfin, rien de ce que vous insinuez.

— A d'autres !

Frost commençait à se sentir agacé.

— Que faisiez-vous dans les jardins à cette heure ? demanda-t-il d'une voix coupante.

— Vous êtes chargé de me surveiller ?

— Ma foi oui. C'est pour ça que votre oncle me paie. Entre autres...

Une lueur meurtrière passa dans les prunelles brunes.

— Dans ce cas, capitaine Frost, vous devez savoir que j'habite la pièce voisine. J'ai entendu du bruit, sans doute quand vous avez ouvert la porte-fenêtre. Je suis sortie sous la véranda, j'ai vu de la lumière et je suis venue voir.

— C'est très imprudent.

— Si on passait sa vie à être prudent, on ne ferait jamais rien.

Là, Frost se trouva à court de réplique. Il était mal placé pour affirmer le contraire. Il demanda :

— Vous ne dormiez pas ?

— Non. J'attends la pluie. Je sais que je n'y arriverai pas avant que l'orage éclate.

— Tiens, moi aussi. Je ne tenais plus en place. C'est pour ça que je suis descendu ici. Mais, dites-moi, *señorita*, vous parlez un anglais remarquable. Où l'avez-vous appris ?

— A l'université. J'ai passé ma licence l'an dernier. Cette année, je me suis spécialisée en philologie.

Frost laissa échapper un sifflement admiratif. Estefania semblait plus détendue. Il proposa :

— Si vous voulez partager un peu de *tequila* avec moi... Je peux me permettre d'être généreux, c'est votre oncle qui régale.

Pour la première fois, la jeune fille sourit. Frost se demanda quel âge elle pouvait avoir. Vingt-deux ou vingt-trois ans, au plus.

— D'accord, dit Estefania.

Elle alla au bar et se dressa sur la pointe des pieds pour attraper un verre. Frost s'offrit un coup d'œil sur ses jambes cuivrées et sentit monter en lui une bouffée de désir analogue à celle qu'il avait éprouvée lors de la remise de médaille. Estefania se retourna et surprit son regard.

— Vous avez du sel ? demanda-t-elle.

— Du sel ? Pour quoi faire ?

— Pour boire la *tequila*, ignorant. Ah, ces *Yanquís*, ils ne connaissent rien à rien...

A cet instant, Frost se rendit compte qu'il avait une cigarette allumée dans la main gauche. Il fit tomber sa cendre dans le cendrier de porphyre et tira une autre bouffée.

— Ah bon, fit-il en soufflant la fumée, on boit la *tequila* avec du sel ?

— Bien sûr. Je vais vous montrer.

Estefania avait perdu son agressivité et son ton méprisant. Elle revint vers la table, y posa son verre et une petite salière de cristal puis tira une chaise à elle et s'assit en croisant ses jambes couleur d'ambre.

— Regardez, dit-elle. Mais d'abord, servez-moi.

Frost lui versa un verre de *tequila*. La jeune fille mit un peu de sel sur le dos de sa main, dans le petit creux situé à la naissance du pouce, lécha d'un coup de langue puis vida son verre d'un trait. Frost la regarda, ahuri.

— Voilà comment on boit la *tequila*, monsieur le *Yanquí!* déclara la jeune fille, l'air satisfait. Tenez, essayez, vous m'en direz des nouvelles !

Sans manières, elle lui présenta sa main. Un peu surpris, Frost lécha le sel puis vida le reste de son verre.

— Hé ! C'est vrai que ça relève le goût, observa-t-il.

— Je vous l'avais dit, fit Estefania, ravie.

Après quatre verres de *tequila* — au sel, cette fois —, les joues de la jeune fille étaient passées de l'ambre à une couleur brique assez soutenue. Elle se montra beaucoup plus loquace.

— Dites-moi, capitaine Frost, ce bandeau noir, c'est pour de vrai ou c'est simplement pour faire plus viril ?

— C'est pour de vrai, répondit Frost.

— C'est indiscret de vous demander comment c'est arrivé ?

Un sourire plissa les joues de Frost.

— Oh non, répondit-il. C'est une histoire stupide qui m'est arrivée en Afrique. J'avais voulu jouer aux billes avec des cannibales. Vous devez imaginer la suite.

Estefania haussa les épaules mais ses yeux souriaient.

A cet instant, un éclair illumina le patio. Presque aussitôt, un roulement de tonnerre interminable ébranla les murs.

— La pluie ! s'écria Estefania.

Effectivement, de grosses gouttes martelaient le toit de la véranda. La jeune fille prit la main de Frost.

— Venez, dit-elle en l'entraînant vers la porte-fenêtre.

Frost n'était pas contre l'idée de se laisser entraîner. Ils sortirent sous la véranda. Le spectacle était féérique. En quelques secondes, la sarabande des éclairs illumina le patio de ses feux d'artifice. Les nuages se déchiraient dans des grondements titanesques. Des gouttes énormes cognaient sur le toit vitré comme des baguettes sur la peau d'un tambour. Les rafales du vent rabattaient des trombes d'eau vers le sol. La terre mouillée giclait au pied des arbustes et dans les massifs de fleurs. Des ruisseaux naissaient dans les allées, charriant des pétales et des feuilles arrachées.

Frost dut élever la voix pour se faire entendre :

— Quel son et lumière ! C'est fantastique !

— J'ai toujours adoré ça, répondit Estefania.

Frost remarqua qu'elle ne lui avait pas lâché la main.

— On sort ? proposa-t-elle.

— Là-dessous ? demanda Frost.

— Mais oui, venez. Je le faisais souvent quand j'étais petite. Mes amies avaient horreur de ça. Elles avaient peur de l'orage. Moi pas. C'est une sensation extraordinaire de s'abandonner à la pluie et au vent. On se sent à la fois écrasé et invincible. Vous ne voulez pas essayer ?

Estefania lui tirait sur la main.

— Pourquoi pas ? dit-il.

Avec elle, il aurait tout essayé. Même une excursion en enfer. Estefania l'entraîna au milieu du patio inondé. Ils furent vite grisés par la violence de la pluie qui leur fouettait le visage. La jeune fille lâcha la main de Frost. Le visage tourné vers le ciel, elle leva les bras au-dessus de sa tête et se mit à virevolter comme une toupie en riant de joie. Puis elle s'arrêta, titubante.

— Hou là là ! Je suis complètement étourdie ! cria-t-elle. J'ai l'impression d'être saoule.

En riant, elle s'accrocha d'une main à l'épaule de Frost et se laissa peser contre lui. Le Mercenaire sentit un sein rond et dur se coller contre son bras. De l'autre main, Estefania lui empoigna les cheveux derrière la nuque et lui abaissa la tête vers elle.

— C'est vrai que vous n'avez rien fait avec cette salope d'Ursula ? lui hurla-t-elle à l'oreille.

— Quel langage pour une jeune fille de bonne famille !

— Ne me dites pas que ça vous fait rougir ! cria Estefania. Alors, vous avez couché avec elle, oui ou non ?

— Non ! brailla Frost au milieu d'un roulement de tonnerre.

Mais elle avait entendu. Frost le sut en sentant les lèvres d'Estefania s'écraser sur les siennes et une langue mutine s'aventurer dans sa bouche. Il lui prit la taille et répondit à son baiser.

Puis Estefania s'écarta de lui et, un à un, dégrafa les boutons de sa chemise. Il sentit ses petites mains qui lui caressaient les pectoraux, ses doigts qui s'entortillaient dans les poils de sa poitrine et jouaient à se glisser sous la sangle du holster. Les hanches d'Estefania qui ondulaient contre les siennes sous cette pluie battante poussaient l'excitation à un paroxysme intenable. D'une main fiévreuse, le Mercenaire ouvrit les boutons de la chemise de coton blanc et écarta les deux pans. Estefania ne portait pas de soutien-gorge. Frost s'empara d'un sein ruisselant, coula l'autre main au creux des reins de la jeune fille et la fit ployer sous lui.

— Tu veux ? demanda-t-elle.

— Ici ?

— Pourquoi pas ? Ce serait chouette, non ? répondit Estefania.

Sans attendre de réponse, elle s'attaqua à la ceinture puis au pantalon de Frost. Il la laissa terminer puis retroussa la jupe blanche détrempée. Dessous, il ne trouva qu'une fine culotte. Il glissa les doigts sous l'élastique et commença à tirer vers le bas. Estefania le repoussa, acheva elle-même d'enlever sa culotte puis la lui fourra dans sa poche de veste.

— Qu'est-ce que tu fais ? demanda Frost, éberlué.

— Je ne tiens pas à l'oublier dans le patio. Il n'y a que moi et Ursula à porter ce genre de choses ici. Tu piges ?

— Je pige, répondit le Mercenaire avec un sourire.

Il attira Estefania à lui, plaça les mains sur ses petites fesses rondes et la souleva pour la pénétrer. Elle le guida en elle puis s'agrippa à ses bras et ils s'animèrent d'un lent mouvement voluptueux.

Par intermittence, la lueur d'un éclair offrait à Frost la vision fugitive du visage d'Estefania et de ses seins hâlés miroitant sous la pluie. La tête renversée en arrière, la bouche ouverte sous l'orage, elle se laissait aller dans un abandon total. Ses longs cheveux aile de corbeau battaient dans la tourmente comme un étendard.

Le Mercenaire sentit les ongles d'Estefania s'enfoncer dans les muscles de ses bras. Il redoubla d'ardeur et ils explosèrent bientôt dans une secousse aussi violente que les éléments déchaînés.

Ils restèrent un moment sans bouger, savourant leur bien-être jusqu'au bout, puis Estefania posa les pieds à terre et s'écarta lentement.

— C'était sublime, dit-elle. Et toi ?

— Encore mieux, répondit Frost en riant.

Elle lui passa les bras autour du cou et l'embrassa tendrement.

— Brrr ! J'ai froid, maintenant. Si on rentrait ?

A cet instant, un éclair déchira la nuit. Frost crut apercevoir une silhouette derrière un gros massif de rhododendrons. Instinctivement, il fit accroupir Estefania et l'entraîna à couvert derrière une agave gigantesque.

— Attends-moi ici, dit-il.

Il boutonna sa chemise, ajusta rapidement son pantalon puis dégaina le High Power et se dirigea lentement vers le massif de rhododendrons.

Frost n'entendait que le martèlement de la pluie

sur les feuillages. A une vingtaine de mètres sur sa gauche, les deux portes-fenêtres formaient un halo jaune sous la véranda mais leur lumière n'atteignait pas le patio.

Frost espérait un éclair pour prendre ses repères. Il attendit une longue minute. Pas d'éclair. La pluie s'atténuait. L'orage avait l'air de s'éloigner. Presque deux minutes et toujours pas d'éclair. La vue du Mercenaire commençait à s'habituer à l'obscurité. Maintenant, il distinguait la forme du massif.

Il s'en approcha prudemment, contourna le parterre. Personne. Il fouilla sans succès entre les arbustes.

Il revenait vers l'allée, transformée en ruisseau bourbeux, lorsqu'une voix rude aboya une sommation :

— *Alto ahí !*

Frost sentit le canon d'une arme s'enfoncer dans ses reins. Il leva les bras.

CHAPITRE VIII

— Fais pas le con, Sturmer, c'est moi ! chuchota Hank Frost.

— Frost, nom de Dieu ! Je t'avais pas reconnu !

— Tu as des yeux, pourtant, grogna Frost en se retournant vers le petit mercenaire blond. A ta place, je m'offrirais des binocles. Heureusement que moi, je t'ai reconnu. Sinon, ça aurait pu faire du vilain. Mais même en espagnol, tu n'arrives pas à planquer ta voix de crécelle.

— T'es marrant, toi ! C'est à cause de ton costard blanc. Comment tu voulais que je me doute ? Qu'est-ce que tu fous là à cette heure ?

— Je prends ma douche du soir. Et toi, qu'est-ce que tu fous ?

— Je fais ma ronde, cette blague !

— Quoi ! s'exclama Frost. Il est déjà une heure ?

— 1 h 08, précisa Sturmer en regardant sa montre.

Frost n'avait pas vu le temps passer.

— Dis donc, reprit Sturmer, Nifkawitz te cherche partout. Tu n'étais pas dans ta chambre et on ne pouvait pas réveiller tout le palais en pleine nuit.

— Qu'est-ce qu'il me veut ? demanda Frost.

— Il a un message pour toi au poste de garde.

— Merde ! Qu'est-ce qui se passe encore ?

— Ça, j'en sais rien, fit Sturmer. Paraît que c'est ultra-confidentiel.

— Tu rentres au poste, maintenant ? demanda Frost.

— Ouais.

— Bon. Dis à Nifkawitz que je passerai le voir dans une vingtaine de minutes. Il faut que j'aille me sécher et me mettre autre chose sur le dos.

Frost regarda Sturmer disparaître entre les massifs humides. La pluie avait cessé. Une brise presque fraîche secouait les rameaux des arbustes qui s'égouttaient avec un bruit semblable au froissement d'une feuille de cellophane.

Estefania devait grelotter derrière son agave.

Frost la rejoignit rapidement, la raccompagna à sa chambre et l'embrassa sur le seuil.

— Tu n'entres pas ? demanda-t-elle.

— J'ai une question à régler d'urgence. Si ça ne prend pas trop de temps, je repasserai te voir avant de monter me coucher.

— Passe même s'il est tard, murmura Estefania.

Elle se hissa sur la pointe des pieds, lui déposa un baiser furtif sur la bouche et ferma la porte. Frost l'entendit verrouiller de l'intérieur. Il alla fermer la porte-fenêtre et les lumières dans le petit salon puis monta à sa chambre en clapotant et en laissant une petite flaque boueuse sur chaque marche. Un quart d'heure plus tard, vêtu d'un training gris clair, il entrait dans le poste de garde.

Nifkawitz jouait aux cartes avec Bilstein.

— Ah, te voilà, fit-il en se levant.

— Tu n'aurais pas envie d'aller faire un petit tour, Carl ? demanda Frost.

— OK, grommela Bilstein. Je vous laisse magouiller vos salades. Vous en avez pour combien de temps ?

— Une minute à tout casser, répondit Nifkawitz.

— Bon, fit Bilstein en allumant une Marlboro, ce n'est même pas la peine que j'emporte un paquet de clopes. Eh, Frost ?

— Ouais.

— Je te confie mon jeu. Que cet enfoiré n'en profite pas pour regarder mes cartes pendant que j'aurai le dos tourné.

— A ta place, je me méfierais, répondit Frost. Je suis capable de le laisser faire et de lui demander mon pourcentage sur ce qu'il va te chauffer.

— Oh lui, hé ! fit Bilstein.

Il revint à la table, rafla son jeu et fourra les cartes dans une poche de sa veste de combat. Frost le regarda sortir en riant puis se tourna vers Nifkawitz :

— Alors, ce message, d'où ça vient ?

— De l'ambassade.

— Ah oui ? Et que me veut l'ambassade de notre belle, grande et noble nation ?

— Quand tu le sauras, tu auras peut-être moins envie de te marrer, grinça Nifkawitz.

— Quoi ? Qu'est-ce qu'il y a ? Castro annonce qu'il a enfin sa bombe A et qu'il compte vérifier qu'elle marche bien en la balançant sur le Palacio Nacional ?

— Pas loin, répondit Nifkawitz. D'après leurs

renseignements, les guérilleros vont lancer une offensive dans les quarante-huit heures. Ils veulent qu'on évacue l'ambassade avant que ça pète et qu'on rapatrie le personnel.

Frost haussa le sourcil, brusquement en éveil.

— Rien que ça ! Qui t'a contacté ? L'ambassadeur ?

— Non, son conseiller, un certain John Cockroft.

John Cockroft... L'homme du Département d'Etat désigné par Halston comme contact. Frost l'avait presque oublié, celui-là.

— Pourquoi pas l'ambassadeur lui-même ?

— Parce qu'il a été rappelé en consultation à Washington. Ça prouve bien que ça chie.

— Mmmouais..., grommela Frost. Et qu'est-ce qu'il veut, ton John Cockroft ?

— Que tu prépares des vivres, des médicaments, des tentes...

— Et naturellement, dans le plus grand secret...

— Naturellement, répondit Nifkawitz.

— Ben voyons ! Et comment il compte trimbaler tout ça ?

— Attends, je n'ai pas terminé. Cockroft te demande aussi de prévoir des véhicules légers pour le transport des personnes.

— Combien de personnes ?

— Une vingtaine.

— J'apprécie son souci de la précision, ricana Frost. Et ils n'ont pas de voitures ?

— J'en sais rien, il ne m'a pas fait ses confidences. Je suppose qu'il ne faut pas compter se tirer par les petites routes avec les voitures officielles. Cockroft a demandé des jeeps.

— C'est tout ?

— Non. Il veut aussi trois camions tout-terrain pour le matériel, des armes, des munitions et un maximum d'explosifs.

Frost fit un bond en avant :

— Mais il est malade, ce type !

— Hé là..., fit Nifkawitz. Je n'y suis pour rien, moi ! Je me contente de transmettre le message !

— Comment as-tu été contacté ? demanda Frost, soudain calmé.

— Par téléphone.

— Hein ?

— Ben ouais, par téléphone, répéta Nifkawitz.

— Ici ? Au poste de garde ?

— Ouais.

Frost prit une cigarette dans le paquet de Marlboro et gratta une allumette.

— C'est tout ce que tu as trouvé, Nifkawitz ? questionna-t-il en s'asseyant et en allumant la cigarette.

— Alors, cette minute ! Elle est plutôt à rallonge ! Hé, dis donc, Frost, elles sont bonnes mes Marlboro ?

C'était Bilstein qui venait d'entrebâiller la porte du poste.

— Je préfère mes Camel, répondit Frost. Mais comme je les ai oubliées là-haut, je me suis servi. Merci, Carl. Et merci d'attendre une autre petite minute.

— OK. Mais j'espère que vous n'allez pas passer

le réveillon là-dessus, gronda Bilstein. Tiens, envoie-moi donc mon paquet et mes alloufes.

Frost lança les Marlboro puis les allumettes vers la porte. Bilstein les attrapa, les empocha et disparut. Nifkawitz s'était mis à faire les cent pas dans le poste de garde. Visiblement, il faisait de gros efforts pour paraître à l'aise mais n'y parvenait pas. Frost tira une bouffée sur sa Marlboro, souffla lentement la fumée puis posa un coude sur la table et regarda son subordonné en se massant la pointe du menton entre le pouce et l'index.

— Dis-moi, Nifkawitz, tu étais seul quand tu as reçu ce coup de fil ?

— Ouais.

— Quelle heure était-il ?

— Euh... Je ne me rappelle plus...

— Ouais, bien sûr..., fit Frost, songeur. Et le téléphone a sonné au moment où Carl était parti pisser, je suppose...

— Oui. C'est exactement comme ça que ça s'est passé.

Nifkawitz était de plus en plus mal à l'aise.

— Et quand il est revenu, tu avais déjà raccroché, poursuivit Frost.

— C'est ça.

— Pourquoi Cockroft t'a-t-il communiqué le message en te recommandant de n'en parler à personne d'autre qu'à moi ?

— Comment tu veux que je le sache ? lança Nifkawitz en écartant les bras d'un air impuissant. Je t'ai dit qu'il ne m'avait pas fait ses confidences.

— Ecoute-moi bien, Nifkawitz. Si tu essaies de me jouer un tour de con, crois-moi que ça va saigner pour ton matricule ! Maintenant, puisqu'il paraît que tu es un homme à confidences, je vais t'en faire une, moi aussi. Mais, un conseil, tu as intérêt à la boucler. Si tu mouftes, je te fais bouffer ta langue !

— Je... promis, je ne dirai rien, bafouilla Nifkawitz. Qu'est-ce que c'est ?

— S'il y a du nouveau et que je ne suis pas dans ma chambre, tu pourras me trouver dans celle d'Estefania Armendariz. Pas besoin de te faire un dessin, je suppose.

Frost baissa le regard et tapota sa Marlboro au-dessus du cendrier. Lorsqu'il releva l'œil vers Nifkawitz, il faillit exploser de rire. On aurait dit que le grand mercenaire avait attrapé un coup de soleil sur la figure.

— Euh... promis, Frost. Personne n'en saura rien.

— J'y compte bien, dit Frost en se levant. Salut, et bonne nuit.

— Bonne nuit, Frost, répondit Nifkawitz d'une voix douce.

Une insinuation ? Non. Nifkawitz n'avait pas l'air d'humeur à faire de l'ironie.

En sortant, Frost trouva Bilstein qui arpentait impatiemment le porche de pierre verte. Il jeta son mégot par terre, l'écrasa d'un coup de talon puis consulta son Omega : 1 h 35. Il fallait qu'il se dépêche s'il voulait souhaiter la bonne nuit à Estefania et glaner quelques heures de sommeil.

Il réalisa alors que son Browning était resté dans sa chambre. Frost savait ce qu'il pouvait en coûter de se promener sans arme. L'expérience de l'enterrement lui avait suffi. Il décida de passer prendre son automatique.

Il fit un rapide retour en arrière pendant qu'il montait l'escalier. Dès le départ, il avait suspecté trois hommes de travailler pour le Département d'Etat : Pearblossom, Riddell et Santarelli. Pour le Département d'Etat ou, peut-être, pour la CIA... Voire encore pour la CIA comme agents d'infiltration au sein du Département d'Etat; l'hypothèse n'était pas à exclure. Frost avait maintenant un quatrième nom à ajouter à la liste : Nifkawitz.

Et pourquoi Cockroft voulait-il faire évacuer l'ambassade ? Il avait sûrement eu des renseignements de source sûre pour affirmer que la guérilla préparait un coup de force. Mais quelle source ? Encore un point d'interrogation. Nifkawitz n'avait fait aucune allusion au général Montesinos et à sa famille. Or si une évacuation s'imposait pour le personnel de l'ambassade, elle s'imposait aussi pour Montesinos, sa nièce, le général Pañero et Ursula. Frost était responsable de leur protection, il n'était pas question pour lui de les laisser en plan au moment où le danger prenait forme.

Sa décision fut simple. Quarante-huit heures, avait dit Nifkawitz. Il allait faire préparer le matériel demandé par Cockroft. Montesinos lui laissait carte blanche. Jamais il ne contrôlait ses activités, pas plus que Pañero. Cela lui permettrait d'agir dans le secret. Connaissant son statut, les militaires de la garde ne lui posaient jamais de question. S'il n'y avait pas de bavure, Frost avait toutes les chances de pouvoir garder le couvercle sur la marmite pendant quarante-huit heures. Cela fait, il attendrait la convocation de Cockroft et verrait s'il y avait lieu de donner suite.

Dans sa chambre, Frost prit un paquet de Camel neuf et son Zippo. Puis il sortit le High Power de son holster, l'essuya avec un chiffon sec et le glissa dans sa poche. Impossible. Le poids de l'automatique faisait tomber son pantalon de training. Impossible aussi de le glisser dans sa ceinture. Le holster était mouillé et puis, le temps de le mettre, il avait toutes les chances de trouver Estefania endormie. Tans pis, il décida de descendre le pistolet au poing.

Un rai de lumière passait sous la porte d'Estefania. Frost frappa.

— Hank ?

— Oui. C'est moi.

Un bruit de verrou, et le visage de la jeune fille apparut dans l'entrebâillement.

— Une seconde, dit-elle, il faut que je referme pour défaire la chaîne de sécurité.

La porte se referma puis se rouvrit juste assez pour laisser Frost se glisser dans la chambre. Estefania était nue. Elle verrouilla et se retourna.

— Dis donc, Hank, tu as l'intention de me descendre, ou quoi ?

— Non, répondit le Mercenaire. Je viens avec ma carte de visite, c'est tout.

Il posa son Browning sur la table de chevet et s'assit sur le lit. Estefania s'approcha.

— Tu m'en veux encore pour tout à l'heure ? demanda-t-elle. Tu sais, ce n'était pas contre toi que j'étais en colère. Si tu veux tout savoir, tu m'as tapé dans l'œil dès ton arrivée.

— Hé là ! dit Frost en pointant l'index vers son bandeau. Surveille un peu tes expressions.

— Oh, excuse-moi, dit la jeune fille, confuse. Je ne voulais pas...

Frost éclata de rire.

— Ne fais pas cette tête, je plaisantais. Alors, contre qui étais-tu en colère ?

— Contre cette pouffiasse d'Ursula. J'étais sûre qu'elle t'avait emberlificoté. En fait, j'étais jalouse. C'est vrai, au moins, que tu n'as pas couché avec ?

— Officiel, répondit Frost. Mais dis donc, je vois que ton vocabulaire anglais est particulièrement étendu...

— Qu'est-ce que tu veux, c'est une salope, je ne vois pas pourquoi j'en parlerais autrement. Il lui faut au moins un homme différent par semaine. Quelquefois, c'est deux ou trois. Et quand elle a fini de s'en servir, elle les laisse tomber comme des vieilles chaussettes. Si ce pauvre Miguel savait... Je suis sûre que toute la garde de *Tío* lui est passée dessus.

Frost nota que le « *tío* » était réservé à Montesinos. Il se leva et repoussa légèrement Estefania pour la contempler. Son regard monta le long des fines jambes bronzées, s'attarda un instant sur la toison noire comme un carbonero, puis caressa son ventre et s'arrêta sur sa poitrine.

Deux aréoles très brunes cachetaient les seins ronds. Les pointes se dressaient orgueilleusement vers le plafond, comme pour s'harmoniser avec la ligne du petit nez retroussé. Estefania souriait, se laissant admirer avec un plaisir évident. Elle portait aux oreilles deux pendants d'émeraude à l'effigie de Quetzalcoatl.

— Dis donc, observa le Mercenaire, tu étais en train de t'habiller en commençant par le haut ?

— Non. J'aime bien mettre des bijoux et me regarder toute nue devant la glace. Je crois que... que c'est une façon de me donner confiance en moi... de me rassurer sur mon corps.

En la détaillant, le Mercenaire repensa à leur étreinte sous la pluie. Cette fille superbe s'était donnée à lui et c'était seulement maintenant qu'il pouvait admirer ce qu'il avait possédé.

— Tu veux que je te rassure, moi ? proposa-t-il en la prenant dans ses bras.

— D'accord, répondit Estefania avec un petit rire.

En deux temps et trois mouvements, Frost se trouva débarrassé de son training. Estefania le poussa vers le lit et se blottit au creux de sa poitrine.

— Frost, murmura-t-elle, tu veux bien me dire, maintenant pour ton bandeau ?

— L'Américain sourit.

— Oui, répondit-il. Ça m'est arrivé au Viêt-nam.

— Ah bon, tu as fait le Viêt-nam ?

— Oui, c'est là que j'ai gagné mes galons, dit Frost. Mais arrête de me couper sinon, tu ne connaîtras jamais l'histoire de mon œil.

Estefania sourit à son tour :

— S'il y a une chose dont je n'ai pas envie en ce moment, c'est bien de te couper.

Frost lui embrassa les lèvres et reprit :

— J'étais donc au Viêt-nam et on n'avait pas beaucoup de distractions dans le campement. Un soir, on a décidé d'organiser un tournoi de catch. Le tirage au sort ne m'a pas été favorable. Je me suis retrouvé opposé à un énorme adjudant. Il avait des bras plus gros que des gigots de mouton, et mesurait près de deux mètres, tu vois le genre ?

— Je crois que je devine. Il t'a planté un doigt dans l'œil ?

— Pas du tout, répondit Frost. Contre toute attente, j'ai remporté la première manche. Si le gros type perdait la deuxième, il était cuit et tout le monde ou presque avait parié sur lui. Voilà que je l'immobilise et que je lui plaque les épaules sur le ring. Il se redresse. J'arrive à le ramener au sol. A ce moment-là, un type lui crie : « Mords-y l'œil, t'auras la cuisse ! » Et il l'a fait, c'est tout.

Estefania se redressa sur un coude et regarda Frost. Elle ne riait pas. Le Mercenaire frissonna en sentant sur sa peau la caresse des longs cheveux noirs.

— C'est un souvenir trop dur, hein ? dit Estefania. Tu veux le gommer de ta mémoire et c'est pour ça que tu refuses d'en parler ?

— Je ne sais pas. Tu as peut-être raison. Chacun de nous a ses sales coups dans la vie et se débrouille comme il peut pour les encaisser. Tu dois sûrement comprendre ce que je veux dire, après ce qui vient de t'arriver.

Un voile imperceptible ternit l'éclat des grandes prunelles brunes. Une ombre de sanglot dans la voix, Estefania répondit :

— Oui, bien sûr, je comprends. Mais moi, je ne cherche pas à gommer. Mon père et ma mère restent présents dans mon cœur. J'essaie simplement de me rappeler les bons moments que j'ai vécus auprès d'eux. Ça a été dur, et c'est encore très dur, mais je refuse de me replier sur moi-même, de m'enfermer dans mon chagrin. J'ai décidé d'encaisser en continuant à vivre.

Elle se tut un instant et laissa son regard errer sur le corps nu de Frost.

— Porter le deuil ou mener une vie de nonne ne me rendra pas mes parents, reprit-elle en le caressant d'une main distraite. D'ailleurs, s'ils sont quelque part et peuvent me voir, je suis sûre qu'ils m'approuvent d'avoir choisi la vie.

Elle se tut à nouveau. Le voile avait disparu de ses yeux couleur cachou. Soudain, elle laissa sa tête tomber sur le ventre du Mercenaire et ajouta avec un petit rire espiègle :

— Quoique, si maman voit ce que je vais te faire maintenant, j'ai bien peur qu'elle n'approuve pas. Que veux-tu, notre petit *Fuckin' in the Rain* m'a mise en appétit.

— Rien à faire pour que tu améliores ton langage, hein ? murmura Frost d'un ton désespéré. Je croyais que, dans vos régions, les jeunes filles de bonne famille avaient un peu plus froid aux yeux. Bah, encore une illusion de perdue…

— Vu le climat de « nos régions », comme tu dis, je me demande comment je pourrais avoir froid aux yeux, ou ailleurs, ronronna Estefania. Oh, et puis arrête de me faire parler, que je puisse mettre ma menace à exécution.

*
**

Au volant de sa jeep, Frost essayait d'ouvrir l'œil. Il avait la paupière lourde, si lourde... Il était plus de 3 h 30 lorsqu'il était remonté à sa chambre après des ébats mouvementés avec Estefania. Les tours de garde étaient distribués et il s'était accordé une grasse matinée jusqu'à huit heures. Puis après avoir donné ses directives pour les préparatifs commandés par Cockroft, il avait placé les opérations et la surveillance du palais sous la responsabilité de Gillette, l'homme qui lui inspirait le moins de méfiance.

A 9 h 15, il était passé aux cuisines où il avait avalé trois grands bols de café préparé par une *mama* ronchonnante. A 10 h 45, douché, rasé, et muni d'un laissez-passer délivré et signé par le général en personne, il avait pris une jeep et franchi les arcades vert tilleul du Palacio Nacional.

Il voulait se rendre compte par lui-même de la situation dans les rues de la capitale.

Il était onze heures passées lorsqu'il gara sa jeep sur la Sexta après être allé faire un tour à l'aéroport de La Aurora, le meilleur point de départ pour un déménagement express. L'orage avait lavé le ciel et le soleil commençait à griller l'asphalte des trottoirs. Frost mit pied à terre, roula sa veste de treillis sous le siège avant et ouvrit largement le col de sa chemise kaki.

Il traversa l'avenue et entra dans un *estanco* où il acheta une cartouche de Camel. En sortant, il se dit qu'un petit tour à pied serait sans doute le meilleur moyen de prendre la température locale. Vu la chaleur du soleil qui cognait sur sa casquette léopard, il songea avec un sourire amusé qu'elle devait être plutôt élevée.

Le café de la *mama* lui était depuis longtemps descendu dans les doigts de pieds. Il se dirigea vers un bar avec l'intention de prendre un café et un verre d'eau fraîche tout en tendant l'oreille sur les conversations. Le truc du verre d'eau et du café était excellent pour couper la soif et modérer la transpiration. Frost l'avait découvert lors de ses nombreuses missions en Afrique. A l'époque où il faisait partie de la police rhodésienne ? Non, ce devait plutôt être en Angola. Oh, et puis il avait oublié. Il avait tellement roulé sa bosse et baroudé sur le continent africain que certains souvenirs se mélangeaient.

Il aurait dû le prévoir, son entrée dans l'établissement en tenue de combat et le Browning à la hanche fit taire toutes les discussions. Frost but sa consommation dans un silence de mort. La seule animation fut créée par l'entrée dans le bar d'un petit marchand de journaux.

— *Prensa ! Prensa !* cria le gamin.

De nombreuses mains se levèrent pour l'appeler. Apparemment, on s'intéressait aux nouvelles. Le gosse distribua ses journaux, rendit la monnaie et s'en alla. Frost régla et sortit presque sur ses talons. Ici, tout paraissait normal. Les *Chopines* (1) vaquaient à leurs occupations. Une foule bigarrée se pressait sur les larges trottoirs, des *Ladinos* (2), des Européens, beaucoup d'Indiens vêtus de haillons.

(1) Habitants de Ciudad de Guatemala.
(2) Métis.

Frost aperçut même une femme quiché coiffée de son turban multicolore fait de torsades compliquées. Elle portait un *huipil*, le corsage brodé traditionnel. Un bâton de marche à la main, elle coltinait sur son dos un chargement incroyable dans un grand filet maintenu par une lanière passant sur le haut de la poitrine. Sans doute était-elle venue faire des achats et rentrait-elle dans son lointain village, à des jours et des jours de marche.

Un cireur de chaussures le héla d'un strident :

— *Lustre ! Lustre !*

Le Mercenaire déclina son offre et se demanda si les militaires du pays avaient l'habitude de faire cirer leurs rangers dans la rue.

La vie suivait son cours. Pourtant, à quelques kilomètres, on entendait des claquements sporadiques. Des coups de feu ? Frost était trop loin pour en être sûr. Dans cette direction, une épaisse colonne de fumée noire s'élevait en volutes paresseuses vers le ciel de turquoise. C'était par là qu'il fallait aller voir. Frost retourna à sa jeep.

Un *limosnero* amputé d'une jambe était assis sur le trottoir. Dès qu'il aperçut Frost et sa tenue militaire, le mendiant rentra précipitamment la main dans la poche de sa veste élimée. Choqué par son geste, le Mercenaire approcha et lui tendit un billet de cinq *quetzales*. L'homme le regarda avec des yeux médusés et bafouilla :

— *Muchas gracias, señor coronel. Dios le guarde !* (1)

« Pas de quoi, pépère. Je me retrouverai peut-être

(1) Merci beaucoup, monsieur le colonel. Dieu vous garde.

à ta place quand je n'aurai plus de contrats. Et les gamins viendront soulever mon bandeau pour vérifier que ce n'est pas du bidon. »

Il s'installa au volant de sa jeep et tourna la tête vers le mendiant. Le *limosnero,* qui devait avoir fini son service, se leva, défit les épingles de nourrice qui maintenaient sa jambe de pantalon pliée en deux, enfila sa deuxième chaussure et s'éloigna en allumant un *picaduro.*

Frost éclata de rire, démarra et partit en direction de la fumée.

Avenida de las Américas, le spectacle était tout différent. Frost dut faire halte, stoppé par un cordon de miliciens qui barrait toute la largeur de l'avenue. Il descendit de sa jeep, exhiba son laissez-passer et s'avança dans les rangs. Les miliciens s'étaient protégés derrière une barricade de sacs de sable.

Le Mercenaire s'approcha d'une meurtrière d'observation, présenta à nouveau son laissez-passer et demanda au sous-officier :

— *Vd. habla inglés ?*

— Un peu, répondit le jeune homme.

— Ouf ! soupira Frost. Je me suis acheté un petit manuel du parfait touriste mais, pour s'expliquer, ce n'est pas tout à fait ça.

— Ah bon, fit le sous-off.

— Oui, reprit Frost. Quand il s'agit d'acheter un timbre, des cigarettes ou de se faire couper les cheveux, on trouve tout ce qu'on veut. Mais pour la conversation courante, on peut se rhabiller. Pour les mots doux, par exemple, c'est une vraie galère.

Le milicien le regarda d'un air intrigué. Frost enchaîna :

— Le jour de mon arrivée, je suis entré dans un bar. Il y avait là une petite métisse. Si vous l'aviez vue... Plus jolie qu'une *monja blanca* (1). Je ne vous dis que ça. Je m'approche et j'essaie d'engager la conversation. On se débrouille couci-couça. Avec un peu d'efforts de part et d'autre, on arrive à peu près à se comprendre. Je lui paie un verre, deux verres, trois. Elle n'était vraiment pas farouche, alors je l'invite dans ma chambre à prendre le dernier verre. Vous comprendrez que j'avais d'autres projets en tête.

— Naturellement, fit le jeune homme en souriant.

— Arrivé au moment crucial, j'ai cherché mes mots pour lui expliquer mes intentions. Le trou noir. Je prends mon petit manuel, je feuillette et j'essaie de voir ce qu'il y aurait de plus approchant. J'ai trouvé quelque chose à la longue. J'étais ravi. Je lui ai dit au creux de l'oreille en m'appliquant pour l'accent.

— Mais quoi ? Qu'est-ce que vous lui avez dit ?

— *Acuéstate y aparta* (2).

— Elle vous a collé une baffe et est partie en claquant la porte...

— Oui, dit Frost. Comment avez-vous deviné ?

— Oh, une intuition..., répondit le jeune homme en éclatant de rire.

(1) Orchidée blanche, l'un des symboles du Guatemala.
(2) Couche-toi et écarte.

Le contact était établi. Frost demanda s'il pouvait regarder par la meurtrière.

— Allez-y, dit le jeune sous-officier. Mais faites attention, il y en a qui savent tirer.

— Ils sont armés ?

— Voyez vous-même.

Comme pour illustrer la réponse du sous-off, une rafale rageuse crépita contre les sacs de sable.

— Ils tirent souvent ? s'enquit le Mercenaire.

— Pas le jour. Ils économisent les munitions. C'est la nuit qu'ils font leurs percées.

— Et ils gagnent beaucoup de terrain ?

— Huit cents mètres la nuit dernière.

— Incroyable ! s'exclama Frost. Mais ce sont des étudiants en quoi ? En stratégie militaire ?

— Les émeutes d'étudiants, c'est une invention du général Pañero pour éviter la panique de la population, répondit le sous-off. Il y a peut-être un étudiant sur cent de l'autre côté. Le reste, c'est des spécialistes de la guérilla urbaine.

Frost tira une paire de jumelles de sa poche de jambe et s'installa à la meurtrière. Dans son dos, il entendit :

— *Mira, Eduardo ! Jimelgas para un tuerto. Que derroche !* (1)

Il fit semblant de ne pas comprendre et observa.

Dans le no man's land, le parterre de fleurs qui ornait la promenade était entièrement carbonisé. On aurait pu croire qu'il avait été nettoyé au lance-flammes. A deux cents mètres, deux voitures

(1) Regarde, Eduardo ! Des jumelles pour un borgne. Quel gâchis !

retournées étaient en feu. Frost crut reconnaître une vieille DeSoto noire. L'autre était presque entièrement brûlée. Peut-être une jeep ou un pick-up. De chaque côté des carcasses, des monceaux de pneus avaient été enflammés. C'étaient eux qui produisaient cette colonne de fumée noire.

Il était difficile de voir à travers la barrière de flammes et de fumée. De plus, l'air surchauffé créait une aberration d'optique qui déformait tout. Frost distingua néanmoins la ligne d'une barricade, dressée à une cinquantaine de mètres en arrière des flammes. Elle semblait à peu près identique à celle qui protégeait les miliciens. Visiblement mise en place par des spécialistes. Et des spécialistes équipés. Un pointillé de flammes sèches courut au sommet de la barricade Frost rentra la tête au moment ou une grêle de projectiles s'abattait sur les sacs de sable. Ils avaient de bons observateurs.

— Vous avez vu ? Faites attention, dit le sous-off.

— Vous avez vu ? C'est ce que je fais, répondit Frost.

Il se réinstalla à la meurtrière pour examiner ce qui l'intéressait le plus : trois cadavres gisant à un peu plus de cent mètres. Eux étaient bien visibles. Etant donné l'âge apparent des hommes, ce n'étaient certainement pas des étudiants. Ils étaient vêtus de tenues de combat kaki et chaussés de souliers de commando. Frost repéra deux fusils près des cadavres. Aucun doute possible, c'étaient des AK-47.

Il recula à l'abri des sacs et se tourna vers le jeune sous-officier. S'il voulait se faire une opinion claire de la situation, le meilleur moyen était de s'adresser au sommet.

— Le général Pañero est ici ? demanda-t-il. On m'a dit qu'il partait sur le terrain.

— Ah non. Nous ne l'avons pas vu.

Frost rangea ses jumelles, un peu étonné. Puis il serra la main du jeune sous-officier.

— Merci beaucoup, dit-il. Et *good luck !*

— Merci.

En franchissant l'arcade du palais, Frost aperçut Ursula Pañero qui semblait se diriger vers le poste de garde. Il arrêta sa jeep, mit pied à terre et l'apostropha :

— Excusez-moi, *señora.* Mais où allez-vous ?

Ursula se retourna brusquement, l'air surpris, le sourcil froncé. Puis, en une fraction de seconde, Frost vit un sourire lui éclairer le visage. A l'évidence, elle avait décidé de changer de tactique avec lui.

— Ah, *capitán* Frost, minauda-t-elle. Vous nous faites mener des vies de recluses à ma nièce et à moi-même. J'avais envie de me promener un peu, voilà tout.

— Tant que vous voudrez, répondit le Mercenaire. Mais ne sortez pas de l'enceinte du palais. Ordre du général Montesinos. Si vous le voulez bien, je vais vous raccompagner à votre porte.

— Volontiers, *Capitán.*

Pendant le court trajet, Ursula ne fit aucune allusion à leur séparation orageuse de l'avant-veille. Elle se montra bavarde, aimable et joua les petites filles boudeuses. Visiblement, elle n'avait pas renoncé à Frost. Mais elle tablait sur un autre registre.

— C'est une existence infernale, *Capitán*. J'ai l'impression d'être enfermée dans un harem. A une différence près...

— Oui ?

— Il n'y a pas de sultan.

Frost sourit et évita de répondre. Ils arrivaient dans le corridor du premier étage.

— Savez-vous où se trouve votre mari, *señora ?* J'aurais besoin de le voir.

— Bien sûr, répondit Ursula avec un sourire complice. Il est en ville, sur les barricades.

Son regard vert brillant ajoutait : « Donc nous sommes tranquilles. »

— J'en viens et je ne l'ai pas trouvé, dit Frost.

— Dans ce cas, c'est qu'il a été appelé ailleurs. Renseignez-vous auprès du général Montesinos.

— Impossible, il est en conférence extraordinaire avec les autres membres de la junte, les généraux Puñazo et Laviuda. Ça risque de se terminer tard et il a demandé qu'on ne le dérange qu'en cas d'extrême urgence.

— Eh bien, puisque vos projets semblent tomber à l'eau, venez donc me tenir compagnie un petit moment...

Décidément, elle ne ratait pas une occasion.

— Ce serait un plaisir, répondit Frost avec un sourire jaune. Mais il est près de deux heures et demie et je n'ai pas encore déjeuné. D'autre part, je suis très occupé.

A sa grande surprise, Ursula n'insista pas. Ils se

quittèrent cordialement et Frost descendit aux garages voir où en étaient les préparatifs.

— Tout est pratiquement réglé, lui apprit Gillette. Le seul problème, c'est les armes. On n'a que les nôtres. Et ça, impossible d'en retirer sans autorisations spéciales.

— C'était à prévoir. On essaiera de voir ce qu'on peut faire de ce côté-là. Mais pas avant la tombée de la nuit. De toute façon, il faudra y aller en douceur. Pas question de tenter un coup de force contre l'armurerie du palais. Et les gardes ?

— La routine, dit Gillette. Ça baigne dans l'huile.

— OK. C'est très bien. Tu as fait du bon boulot. Je passe quand même inspecter les différentes factions. Ensuite, je vais casser la croûte et je monte dans ma chambre. J'ai besoin de roupiller un peu. Vous n'avez pas vu Pañero, à propos ?

— Il est sorti vers midi en disant qu'il allait sur les barricades.

— Bizarre. Je ne l'ai pas vu.

Frost alla inspecter la garde puis descendit à la cuisine où il glana des sandwiches, quelques bananes et un pack de Budweiser. Il passa ensuite à la bibliothèque, emprunta plusieurs cartes du pays et monta à sa chambre. Avant de se reposer, il avait l'intention d'étudier de très près la géographie du Guatemala.

***

Frost sentit les seins d'Estefania s'épanouir sous ses mains, leurs pointes se tendre vers lui comme pour mieux s'offrir à ses caresses. La présence du mercenaire dans sa chambre devait lui inspirer un sentiment de totale sécurité car elle n'avait pas fermé les persiennes de fer. Un rayon de lune baignait la pièce d'une lumière bleue satinée.

Frost se laissa rouler sur Estefania et la regarda. Son visage d'ambre sous la clarté bleuâtre avait des reflets de bronze ancien. Il enfouit la tête dans sa longue chevelure et lui embrassa le cou en s'emplissant les narines de son parfum.

Dehors, la révolte grondait. Après ce qu'il avait vu dans la journée, Frost ne pouvait s'empêcher de songer à la violence qui se déchaînait à l'autre bout de la ville. Inconsciemment, il tendit l'oreille vers la clameur des combats, l'aboiement des armes, le tonnement des explosions.

Il songeait aussi aux projets de Cockroft, dans lesquels Montesinos et sa famille n'avaient apparemment pas leur place.

Estefania ouvrit les yeux.

— Qu'est-ce qu'il t'arrive, Hank ? Je te sens tendu, comme si tu étais absent.

— C'est plus fort que moi, je pense à ce qui se passe dehors. Combien de mètres vont-ils encore prendre cette nuit ?

— J'y pense, moi aussi, murmura Estefania. Je sais que c'est affreux et très grave. Mais tu crois que c'est une raison pour se gâcher les bons moments qu'on peut prendre ensemble ? Je pense qu'au contraire, on devrait en profiter à fond pendant qu'il est encore temps.

D'un geste maternel elle lui passa tendrement la main dans les cheveux et s'exclama soudain :

— Mais, qu'est-ce que tu as là? C'est une tonsure!

— Oui, avec quelques points de suture. Un petit souvenir de Suisse.

— Mais tu n'as pas fait retirer les fils?

— Non. Dans quatre ou cinq jours, seulement.

— Tâche de ne pas oublier, dit Estefania.

— Mais non, j'y penserai, j'y penserai..., assura Frost en lui coulant une main au creux des reins.

Il descendit lentement et caressa ses fesses arrondies. Puis sa main contourna une cuisse, effleura le ventre et chercha la petite brèche humide abritée par la toison noire. Du bout des doigts, il y exerça une friction délicate, tandis que de l'autre main, il caressait la pointe d'un sein.

— Oh, Hank! Hank! ronronna Estefania en se tordant lascivement sous ses caresses. Viens me faire l'amour!

Frost sentit les doigts d'Estefania glisser sur son ventre puis s'emparer de son sexe et le masser avec douceur, l'emplissant d'un désir pressant, presque douloureux. Il accentua ses caresses. Avec un gémissement plaintif, Estefania l'attira vers sa petite brèche palpitante. Sans cesser de la caresser, Frost s'introduisit en elle. Elle cambra les reins pour mieux le recevoir.

Avec une lenteur délibérée, le Mercenaire commença à onduler puis referma les lèvres sur l'autre sein d'Estefania. Elle laissa échapper un râle voluptueux.

— Oh, Hank! Oh, c'est trop bon...

Peu à peu, les élans de Frost se firent plus précis. Les mains plaquées au creux de ses reins, Estefania le pressait contre elle. Il sentait ses hanches qui s'élançaient à la rencontre des siennes, son ventre brûlant sous sa main. Elle se tendit comme un arc et murmura dans un souffle rauque :

— Hank ! *Cariño*... Oh... Oh, *mi cariño*... Ooooh !

Un spasme fulgurant lui parcourut le ventre, les reins, s'irradia jusqu'à sa nuque. Il poussa un grognement et expulsa sa semence en elle avec une violence inouïe.

— Oh, Hank, *mi cariño,* lui murmura-t-elle à l'oreille. C'est meilleur à chaque fois !

Frost sourit dans la lueur bleue et l'embrassa au creux de l'oreille. Puis lentement, comme à regret, il se détacha d'elle et s'allongea à ses côtés.

Il nota avec une pointe d'orgueil qu'à part *tío*, *cariño* était le seul mot espagnol qu'elle utilisait avec lui. Et ce mot, gage de son abandon et de son plaisir, lui était réservé. Frost la regarda, l'embrassa à nouveau puis la prit entre ses bras. Un instant plus tard, fourbus et comblés, il sombrèrent dans le sommeil.

On frappait à la porte. Frost se dit qu'il rêvait et se retourna, bien décidé à se rendormir. Il sentit Estefania s'agiter près de lui. Elle s'étira, bâilla puis soudain, chuchota d'une voix anxieuse :

— Hank ? On frappe !

— Hein ! Quoi ?

— La porte. On frappe.

D'un bond, Frost s'assit sur le lit. Il secoua la tête en se frottant la paupière puis, à tâtons, chercha son

Omega sur la table de nuit. Le cadran lumineux indiquait 3 h 48. Qui pouvait les réveiller à une heure pareille ?

Le Mercenaire se leva, enfila son slip, prit son Browning sur la table et alla ouvrir. La tête de Nifkawitz apparut dans la lumière du couloir.

— Qu'est-ce qu'il y a ? grommela Frost.

— Une urgence. Habille-toi et rapplique. Cockroft veut te voir sur-le-champ.

— Attends une minute, dit Frost en fermant la porte.

— Qu'est-ce que c'est ? demanda Estefania d'une voix endormie.

— Je ne sais pas. Il faut que j'aille voir. J'espère que tu m'excuseras, il a bien fallu que je dise à l'un de mes hommes où on pouvait me trouver. Mais sois tranquille, il saura tenir sa langue.

Estefania ne répondit pas. Elle s'était rendormie, le nez dans l'oreiller.

Frost s'habilla rapidement, sangla son holster et sortit.

— Alors comme ça, Cockroft veut me voir à quatre heures du matin ? Où ça ?

— A l'ambassade, répondit Nifkawitz.

CHAPITRE IX

— Tiens, tiens, ces messieurs font des heures supplémentaires ? ricana Frost qui commençait à se réveiller.

Puis, soudain, il se tourna vers Nifkawitz.

— Mais au fait, tu n'étais pas de garde, cette nuit ?

— Non.

— Alors comment as-tu été contacté ?

— J'ai été contacté, c'est tout.

— Tu te souviens de ce que je t'ai dit, Nifkawitz ?

— Quoi ?

— De ne pas me jouer de tour de con.

Ils arrivaient sous les arcades. Carrington pointa le nez à la porte vitrée du poste de garde et les regarda passer, l'œil arrondi. Frost lui adressa un petit signe et suivit Nifkawitz sur le Parque Central jusqu'à une Ford dont la carrosserie accusait déjà quelques années d'existence.

— Mais ce n'est pas un tour de con, fit Nifkawitz en ouvrant la portière. Tu vas bientôt comprendre.

Frost lui décocha un grand coup de coude à

l'estomac puis, ayant vérifié qu'il n'y avait personne sur le siège arrière, s'installa à la place du passager. Nifkawitz se tenait le ventre, plié en deux par la douleur. En attendant qu'il reprenne son souffle, Frost leva l'œil vers la Catedral Metropolitana, grand édifice de style colonial où les Guatémaltèques venaient rendre leur culte au Cristo Negro. Il songea avec un peu de vague à l'âme qu'il devait être bon d'avoir une divinité à adorer et une raison de faire preuve de charité chrétienne.

Nifkawitz s'installa au volant, encore haletant.

— Pourquoi t'as fait ça ?

— Tu le sais très bien. Et ce n'est qu'un acompte. Maintenant, à l'ambassade et grouille !

Ils roulèrent rapidement dans les rues désertes dont beaucoup n'étaient plus éclairées. Les seuls véhicules rencontrés furent des camions militaires, acheminant des troupes et des armes sur les lieux des émeutes.

Arrivé devant l'ambassade américaine, Nifkawitz fit le tour du bâtiment, engagea la Ford dans une ruelle latérale et tourna dans une entrée annexe.

Un garde les arrêta et leur braqua une torche sur le visage. Frost baissa sa vitre.

— Arrête tes conneries ou je te descends, grogna-t-il en plaçant sa main en visière sur son œil unique.

Le garde examina leurs papiers et, sans commentaire, fit signe de passer.

— On dirait que tu cherches les ennuis, dit Nifkawitz.

— Si quelqu'un cherche des ennuis ici, ce n'est pas moi, gronda Frost.

Nifkawitz arrêta sa voiture dans une cour intérieure et pilota Frost jusqu'à l'ascenseur. Au second, il l'entraîna dans un long couloir étroit, et frappa à une porte.

— Entrez !

Nifkawitz ouvrit, laissa passer Frost et resta sur le seuil. Les lumières étaient éteintes, à l'exception d'une lampe de bureau placée très bas. Le puissant faisceau éclairait un sous-main vert et le buste d'un homme en gilet, la cravate dénouée. La porte claqua. Nifkawitz était retourné dans le couloir. Prêt à tout, Frost porta la main à son holster.

— Du calme, Capitaine, fit celui qui était derrière le bureau. Je suis John Cockroft, conseiller de Son Excellence l'ambassadeur des Etats-Unis d'Amérique.

— Alors montrez votre bobine ! jappa le Mercenaire, menaçant. Je n'aime pas les gens qui se planquent !

La main de l'homme glissa vers la droite du bureau. Frost dégaina. Mais la main s'arrêta sur un panneau de commande et la lumière jaillit d'une énorme suspension. Une tête ronde apparut. Les cheveux, ramenés en avant pour masquer une calvitie naissante, formaient une petite mèche en virgule sur un front démesuré. La bouche sans lèvres s'étira en un semblant de sourire. Frost rengaina et haussa les épaules.

— Vous êtes un dur, hein, capitaine Frost ? Halston m'avait averti que...

— Si nous passions aux choses sérieuses ? coupa Frost en s'asseyant sans y avoir été invité. Que me voulez-vous, *Mister* Cockroft ?

— Très bien, dit Cockroft. Vous n'ignorez pas

que la situation a pris des proportions alarmantes. Je veux que vous reveniez à l'aube avec vos mercenaires pour évacuer le personnel de l'ambassade et l'acheminer par la route jusqu'à la frontière mexicaine.

— Pourquoi par la route ?

— Parce que l'aéroport va être fermé d'un moment à l'autre.

— Comment le savez-vous ?

— J'ai mes sources, répondit Cockroft.

— Mais tant qu'à faire d'emprunter un moyen de transport à Montesinos, pourquoi ses camions et pas ses hélicoptères ?

— Les hangars ont été incendiés par les guérilleros. Il ne reste plus un appareil en état de voler.

— *Shit !* lâcha Frost.

Puis il enchaîna d'un ton inquisiteur :

— Je vois que vous êtes bien informé. Apparemment, ils ne le savent pas encore, au palais.

— Je vous ai dit que j'avais mes sources, répliqua Cockroft, l'air pincé.

— Admettons, grommela le Mercenaire. J'aimerais savoir pourquoi vous voulez faire évacuer l'ambassade.

— Parce que la ville va tomber. Maintenant, c'est inévitable. Je ne tiens pas à ce que le personnel soit victime d'une prise d'otages comme celle de Téhéran.

— Et les autres ressortissants américains ?

Cockroft eut une moue évasive.

— Oh... je ne pense pas qu'ils soient réellement menacés. Et puis, dans l'état actuel des choses, personne ne peut rien pour eux. A mon avis, l'évacuation de l'ambassade suffira à calmer les ressentiments anti-américains. La colère des insurgés devrait alors se centrer sur le gouvernement, ce qui me paraît tout de même plus normal.

— Si je comprends bien, vous avez l'intention de livrer Montesinos, sa nièce et les Pañero aux guérilleros...

— Pas de les livrer, rectifia Cockroft. Simplement de les laisser se débrouiller avec leurs problèmes.

— C'est pour les protéger que j'ai été engagé.

— Par nous.

— *Et* par le général Montesinos.

John Cockroft écarta les mains d'un air fataliste.

— Que voulez-vous... Nous ne pouvons rien faire. Notre gouvernement veut à tout prix éviter un engagement direct dans le pays.

— Bien, conclut Frost en se levant. Soyez prêt à prendre le large entre sept heures et sept heures et demie. Détruisez tous vos documents, rassemblez les vivres que vous possédez, vos médicaments et prévoyez des jerricans d'eau potable.

Cockroft se leva à son tour, ahuri d'avoir si facilement gagné la partie. Frost dédaigna la main qu'il lui tendait, tourna les talons et sortit.

Il traversa le couloir et rejoignit Nifkawitz à la porte de l'ascenseur.

Dans la voiture, il alluma une Camel et baissa à nouveau sa vitre lorsque Nifkawitz s'arrêta au poste de garde.

— Combien êtes-vous ici ? demanda-t-il.

— Deux, répondit l'homme. L'ambassadeur a réduit la garde au minimum. Il paraît que quand il y a trop de monde, les gens prennent ça pour de la provocation.

— Ah oui, je vois, dit le Mercenaire en dissimulant un sourire.

Lorsqu'ils eurent franchi la grille, il se tourna vers Nifkawitz :

— Dis-moi, ça fait combien de temps que tu es contractuel ?

Si le gars travaillait pour la CIA, il en déduirait qu'il avait été démasqué. Dans le cas contraire, il penserait simplement que Frost le soupçonnait d'être au service du Département d'Etat.

— Comment tu as su ? questionna Nifkawitz époustouflé.

— Je ne savais pas, je m'en doutais, répondit Frost. Tu viens de m'en donner la preuve.

— Et merde ! gronda Nifkawitz. Je me suis fait eu comme un bleu.

— Tu l'as dit, bouffi. Maintenant que les choses sont claires, parle-moi un peu du coup de Trafalgar que nous prépare le petit Cockroft. Au fait, tu n'as pas remarqué qu'il ressemblait à Napoléon ?

— Si, répondit Nifkawitz en allumant une Lucky Strike.

Il souffla la fumée, bifurqua vers le Palacio Nacional puis regarda Frost, l'air mal à l'aise.

— Hé ! Occupe-toi de ta route ! Je n'ai pas envie de finir dans un mur ! Alors, raconte un peu...

Nifkawitz poussa une espèce de grognement puis s'éclaircit la voix :

— Voilà. Il semble que le Département d'Etat et la Company n'aient pas le même point de vue sur la question. Apparemment, le Département d'Etat a l'intention de plaquer Montesinos. La CIA, elle, veut le protéger. Normal, il a toujours été correct avec nous.

— T'inquiète pas pour sa santé, dit Frost. Tant qu'il me restera un œil, je veillerai sur lui.

Il tira une bouffée, tapota sa cigarette sur le cendrier du tableau de bord et ajouta en se lissant la moustache :

— Maintenant, tu vas me raconter combien il y a d'hommes du Département d'Etat et combien de la CIA dans la bande. J'aimerais bien savoir sur quel pied danser avec mes gusses.

— Je n'en sais pas beaucoup plus que toi, affirma Nifkawitz. J'ai cru comprendre qu'il y avait au moins un autre gars de la CIA et deux ou trois qui bossaient pour le Département d'Etat. Mais lesquels ? Ça, c'est le mystère.

Il était cinq heures et demie lorsque Frost entra dans sa chambre. Il se doucha, se rasa rapidement, passa sa tenue de combat puis fourra quelques sous-vêtements dans son sac de commando. Après y avoir ajouté ses chargeurs de rechange pour le Browning High Power, il fit l'inventaire de la penderie. Il récupéra les bricoles qui traînaient dans ses poches : monnaie, paquets de cigarettes entamés, etc. Dans sa veste blanche froissée et souillée de boue, il trouva un paquet de cigarettes encore humides et une petite culotte de nylon blanc. Un sourire s'alluma sur ses lèvres. Il remit le tout dans sa poche et ferma la penderie.

A six heures, son sac de commando sous le bras, il frappa à la porte d'Estefania. La jeune fille lui ouvrit. Frost lui exposa brièvement la situation et lui dit de préparer un bagage léger.

— Que Cockroft le veuille ou non, je vous emmène avec nous, ajouta-t-il. C'est tout ce que j'ai trouvé pour vous protéger. Il faut venir, tu n'as pas le choix.

— Je comprends, dit Estefania, et je pense que tu as raison. Mais *Tío* ne voudra jamais quitter le palais. Je le connais trop bien, je sais qu'il restera sur place et résistera jusqu'à la mort.

— Je n'en attendais pas moins de lui. Mais il m'arrive parfois d'être partisan des solutions raisonnables. Et la solution raisonnable aujourd'hui est de quitter Ciudad de Guatemala. Peut-être pour y revenir très bientôt qui sait ? Je vais aller trouver Pañero pour lui expliquer mon point de vue. A nous deux, on arrivera peut-être à convaincre ton oncle.

— J'en doute, répondit Estefania. *Tío* est un dur à cuire.

— Je sais, mais moi aussi.

— Vas-y doucement, quand même, dit Estefania.

Elle se haussa sur la pointe des pieds et embrassa Frost en ajoutant :

— Allez, je file me préparer. A tout à l'heure.

Frost l'embrassa à son tour puis s'éclipsa et monta au premier frapper à la porte des Pañero.

Ursula vint lui ouvrir en chemise de nuit transparente, les yeux bouffis de sommeil.

— *Capitán* Frost ! s'exclama-t-elle. Quelle bonne surprise ! Entrez donc.

Frost entra et demanda :

— Vous venez ouvrir vous-même à une heure pareille ?

— Les domestiques prennent leur service à 8 h 30, *Capitán*. Je suis seule.

La concupiscence brillait dans les yeux verts d'Ursula.

— Le général Pañero est absent ?

— Oui. Il n'est pas rentré de la nuit. Vous savez que les événements se sont précipités. La situation est très sérieuse. Les guérilleros sont à l'aéroport de La Aurora. Ils ont aussi détruit les hélicoptères de la garnison.

Comment le savait-elle si elle n'avait pas vu son mari ?

Frost négligea de lui poser la question.

— Il faut absolument que je voie votre mari, dit-il. Quand doit-il rentrer ?

Ursula lui prit le poignet et regarda son Omega.

— Six heures cinq, fit-elle. Il sera là dans une heure si tout va bien. Attendez-le donc ici.

Sa voix se fit caressante lorsqu'elle se serra contre Frost et ajouta :

— Je vais vous faire patienter, si vous voulez.

— Non merci, dit Frost en la repoussant.

Une expression meurtrie assombrit les prunelles vertes. Puis Ursula plissa les yeux et, brusquement, fit passer sa chemise de nuit par-dessus sa tête.

— Regardez ! cria-t-elle en se prenant les seins pour les élever vers lui. Je ne suis pas assez bien pour vous ? Pas assez désirable ? Vous aimez mieux les minettes ?

Elle fit un tour complet sur elle-même afin de

laisser Frost l'admirer sous tous les angles puis s'approcha à nouveau.

— Allez, viens me faire l'amour ! Ce n'est pas normal qu'Estefania soit la seule à en profiter. Ne dis pas le contraire, je t'ai vu entrer dans sa chambre hier soir. Ah, mais je comprends, le *capitán* Frost a un faible pour les oies blanches... Les femmes expérimentées ne manquent pas de charme, tu sais. Laisse-moi au moins une chance de faire mes preuves. Je t'assure que tu y reviendras.

Frost l'écarta d'un geste agacé. Il avait d'autres chats à fouetter que cette chatte-là.

— *Señora* Pañero, il me semble vous avoir déjà dit que quand j'avais besoin des services d'une putain, je m'adressais uniquement à des professionnelles.

Frost baissa la tête juste à temps pour éviter la gifle qui lui était destinée. Il tendait la main vers le bouton de porte lorsqu'Ursula se jeta sur lui toutes griffes dehors.

— Vas-y ! hurla-t-elle. Va la baiser, ta petite conne ! Profites-en pendant qu'il est temps. Parce qu'avant midi vous serez tous crevés ou, encore pire, en train de croupir dans une cellule !

Le Mercenaire la saisit par les poignets.

— Quoi ! Qu'est-ce que c'est que cette histoire ?

— Vous êtes faits comme des rats ! proféra Ursula en se débattant pour échapper à la prise de Frost.

La rage avait dû lui faire perdre la raison. Mais Frost tenait tout de même à éclaircir l'affaire.

— Comment ça, faits comme des rats ? Qu'est-ce que ça veut dire ?

Ursula cessa de se débattre et laissa échapper un ricanement diabolique.

— Ça veut dire que dans deux heures, le *pronunciamiento* aura eu lieu, que Miguel sera à la tête de l'Etat et que je serai la première dame du pays !

— Pañero ? C'est lui le traître ?

Une expression de terreur traversa soudain le regard d'Ursula. Elle se mordit la lèvre.

— Trop tard, ma cocotte, tu en as trop dit. Raconte, maintenant.

Ursula se taisait. Elle leva vers Frost des yeux chargés de fureur et de haine. Brusquement, elle essaya de se dégager en tentant un coup de genou dans les testicules. Frost la lâcha et recula d'un saut rapide. Ursula revint à la charge. De la main gauche, le Mercenaire l'empoigna par les cheveux et la déséquilibra puis de la droite, il lui assena un revers magistral en travers du visage.

Ursula valsa en arrière et tomba dans le couloir moquetté, un filet de sang au coin des lèvres.

— Salaud ! jura-t-elle en passant la main sur sa bouche qui commençait à gonfler.

Lorsqu'elle regarda Frost, il avait au poing son Browning High Power 9 mm à finition chromée.

— Non ! Non ! Pitié ! gémit-elle. Ne me tue pas ! Je ferai tout ce que tu voudras...

— Tout ce que je veux, c'est que tu causes. Alors, cause !

Ursula se laissait tomber sur une banquette de velours bleu qui bordait le mur du couloir. Elle s'enfouit le visage dans les mains. Frost eut envie de rire en la regardant. Se cacher le visage... Alors qu'elle exhibait son corps nu avec une totale indécence... Il ramassa la chemise de nuit et la lui lança. Ursula haussa les épaules et enfila le vêtement.

— Alors, tu vas parler ? rugit Frost. Je suis pressé.

Ursula hocha lentement la tête. Les cheveux roux ébouriffés, la lèvre gonflée, les cils mouillés de larmes, elle commençait à lui faire pitié.

— Oui, c'est Miguel le traître que tu cherchais à démasquer, commença-t-elle, la voix entrecoupée de sanglots.

— L'assassinat de ton frère, le commando en Suisse, la fille avec la bague empoisonnée, c'était lui ?

— Oui, murmura Ursula.

— Tu étais complice du meurtre de ton propre frère !

— Il... il était devenu dangereux. Miguel avait envoyé Javier à Zurich pour essayer de le rallier à notre cause. Esteban a failli le tuer. Dès son retour, il aurait dévoilé le complot à Alvaro. Nous avons dû le supprimer, nous ne pouvions pas faire autrement.

— Le Javier dont tu parles, c'est Medellín ?

— Oui, répondit Ursula dans un hoquet.

— Et ton fumier de mari l'a descendu froidement parce qu'il allait parler ?

— Je suis sûre que Javier n'aurait jamais parlé ! Miguel commençait à le trouver gênant parce que...

Ursula se tut.

— Parce qu'il te baisait, hein ? compléta Frost. Et Pañero craignait que vous ne vous retourniez contre lui. Parce qu'il était mignon, Javier, et certainement beaucoup plus doué que ton vieux mari. Il aurait tout fait pour toi, même éliminer le vieux mari en question. C'est ça, hein ?

— C'est ça..., confessa Ursula d'une voix presque inaudible.

— Un détail encore, reprit Frost. Pourquoi n'a-t-il pas distribué les vivres ? Ce n'était pas pour les donner aux guérilleros, comme je l'ai cru, puisqu'il n'était pas dans le même camp.

— La distribution de vivres allait rehausser la popularité d'Alvaro. C'est simple.

— Simple mais maladroit, commenta Frost. C'est ça qui a mis la puce à l'oreille du général. Et le jour des obsèques quand tu t'es retournée vers le soldat de la garde, c'était pour lui donner le signal de tirer ?

— Oui, répondit Ursula, la voix brisée.

— Et quand ton mari a levé son arme sur moi, c'était pour me descendre ! Il ne pouvait pas m'avoir confondu avec le terroriste puisque c'était vous qui aviez organisé l'attentat. Sans l'intervention de Montesinos, j'étais mort !

— Oui, répéta Ursula en baissant la tête.

Frost sentit le goût amer de la bile lui remonter dans la bouche. La vue de cette femme prostrée, de cette nymphomane à moitié folle et avide de pouvoir lui retournait l'estomac.

— Lève-toi ! ordonna-t-il.

Elle se leva lentement.

— Que... que vas-tu faire ? Me tuer ?

— Pas tout de suite. J'ai encore besoin de toi.

Une lueur d'espoir éclaira soudain le visage défait d'Ursula.

— Ecoute, Frost. Je... je peux te proposer une

chose extraordinaire. Une chance inespérée pour toi. Ne la laisse pas passer.

Un sourire grinçant rida le visage boucané de l'homme au bandeau noir.

— Ah oui ? Qu'est-ce que c'est ?

— Mets-toi de notre côté. Attendons Miguel et ses hommes. Je saurai le convaincre de te prendre avec nous. Il t'a vu au combat. Il te redoute et il t'admire. C'est lui qui me l'a dit. Ça marchera. On prendra le pouvoir et, ensuite, on le fera disparaître. Tu seras mon amant. Le pays sera à nos pieds. Tu vois, je t'offre tout, l'amour, l'argent, le pouvoir.

— Tu peux envelopper tout ça dans un sac poubelle et te le coller où je pense ! ricana le Mercenaire.

— Mon pauvre Frost, tu ne sais pas ce que tu perds...

— Oh si, rien du tout. Allez, est-ce qu'il y a le téléphone dans ta chambre ?

— Euh... oui..., bredouilla Ursula, stupéfaite.

— Vas-y. Je te suis.

Frost verrouilla la porte d'entrée puis la suivit dans le long couloir moquetté. Ursula ouvrit une porte au fond du grand appartement et entra dans une pièce occupée par de lourdes armoires, une coiffeuse et un vaste lit défait. Un poste téléphonique trônait sur la table de chevet.

— Où sont tes vêtements ?

— Ici, répondit Ursula en tendant le doigt vers une armoire.

— Ecarte-toi.

Sans cesser de tenir la rousse en respect, Frost ouvrit la porte de l'armoire, y prit des sous-vêtements, un jean, un sweatshirt et une paire de solides espadrilles. Il jeta le tout sur la coiffeuse et ordonna :

— Habille-toi !

— Mais... Mais je..., bafouilla Ursula.

— Quoi ? coupa sèchement Frost. Tu veux peut-être que je me retourne ?

Ursula haussa les épaules, l'air mortifié. Puis elle enleva sa chemise de nuit et commença à se vêtir. Le Browning à la main, Frost s'assit sur le lit et composa le numéro du poste de garde tout en la surveillant du coin de l'œil.

— Allô ! C'est Gillette ?

— Ouais. Qu'est-ce qui se passe, Frost ?

— Envoie-moi illico trois gusses armés à l'appartement de Pañero.

— OK. C'est comme si c'était fait.

***

— Ce n'est pas possible ! s'exclama Estefania en pâlissant sous son hâle.

— Malheureusement, c'est la triste vérité, dit Frost en lui tapotant maladroitement la main.

Il attendit qu'elle ait retrouvé ses esprits et ajouta :

— Il est six heures et demie passées. Je monte prendre ton oncle et on débarrasse le plancher le plus rapidement possible.

— Il ne marchera pas. Il voudra rester pour se battre.

— Ne t'inquiète pas, j'ai de quoi le convaincre.

Je vais lui dire que s'il refuse de me suivre, je vous abats toutes les deux, Ursula et toi.

— Tu le ferais ?

— Pour toi, bien sûr que non. Pour Ursula, sans l'ombre d'un remords. S'il résiste et me force à la descendre, je le ferai. Et il capitulera pour te sauver.

— Je pense que ça va marcher, opina Estefania. Mais, attention, ménage-le. Ne lui dis rien pour Miguel.

— Je ne comprends pas.

— Son cœur, dit Estefania.

— Bon Dieu ! murmura Frost. Heureusement que tu m'y fais penser. Je m'apprêtais à faire une belle gaffe.

— Allez, Hank, va vite et bonne chance, dit Estefania en l'embrassant.

Frost sortit de la chambre et rejoignit Carrington dans le corridor.

Dix minutes plus tard, ils redescendaient, accompagnés d'un général Montesinos accablé. Au passage, ils prirent Ursula, confiée à la garde de Shoerdell et Craymer. Frost n'avait pas jugé prudent de laisser cette chipie avec un seul de ses mercenaires. Même avec deux, il n'était qu'à moitié rassuré. Au rez-de-chaussée, Estefania se joignit au cortège.

Un quart d'heure plus tard, les jeeps et les camions démarraient dans le garage du palais. Frost fit arrêter le convoi à l'armurerie pour embarquer des armes supplémentaires et des pains de plastic, puis au magasin où ses hommes chargèrent dans un camion des couvertures, des bidons de carburant et un groupe électrogène. Cela pouvait être utile d'être en mesure de produire de l'électricité.

— Et, en plus, vous pillez le palais avant de partir ! grinça Montesinos en le fusillant du regard.

— Allons, Général, répondit Frost. Ne le prenez pas comme ça. Je vous rendrai tout votre matériel si vous le désirez. Le jour où vous reviendrez prendre votre place ici. Car vous reviendrez, j'en suis sûr.

— Infâme traître ! cria le général.

— Si vous saviez..., murmura Frost entre ses dents.

A 7 h 15 le convoi faisait halte devant l'ambassade des Etats-Unis. Frost descendit seul après avoir donné ses consignes à Gillette et Nifkawitz. Le garde, qui avait reçu des instructions, le laissa passer et il monta rapidement au bureau de Cockroft.

— Salut, Cockroft !

— Un peu moins de familiarité, je vous prie ! lança Cockroft, furieux. Alors tout est prêt ?

— Tout est prêt mais j'ai ajouté un petit détail au plan initial. On emmène Montesinos, sa nièce et la femme du général Pañero.

— Il n'en est pas question ! rugit le conseiller de l'ambassadeur.

Frost s'approcha du bureau, et dit calmement :

— Mais si, il n'est question que de ça.

Il dégaina son Browning High Power et le colla sur la tempe de Cockroft.

— Espèce de salaud ! J'aurais dû me douter d'un coup fourré dans ce genre !

— Pas très poli pour un diplomate, monsieur Cockroft.

— Vermine ! Racaille ! Tu ne t'en tireras pas comme ça ! Je te ferai bouffer ton flingue !

— Pas très poli pour un homme du Département d'Etat, monsieur Cockroft.

Sous la menace de son arme, Frost ordonna à Cockroft de rassembler le personnel dans la cour intérieure. En dix minutes, tout le monde fut embarqué avec armes et bagages et, à 7 h 35, le convoi démarrait en direction de l'aéroport de La Aurora. Frost n'avait pas renoncé à l'idée de partir par voie aérienne. Etant donné la situation dans le pays, c'était le moyen le plus sûr selon lui d'atteindre le Mexique.

Au moment où ils s'engageaient dans la Sexta, Frost qui était monté dans la jeep de tête, aperçut à deux cents mètres un petit groupe d'hommes en tenue kaki qui commençaient à disposer des sacs de sable sur la chaussée. Le chauffeur leva instinctivement le pied.

— Fonce ! ordonna Frost.

CHAPITRE X

Vivement, Frost s'empara d'un pistolet-mitrailleur, attendit d'être à une cinquantaine de mètres et commença à tirer. Les guérilleros — ils étaient six — lâchèrent leurs sacs pour sauter sur leurs AK-47. Un homme posa un genou en terre dans l'alignement de la jeep et épaula. Frost le coupa en deux d'une courte rafale. Une seconde plus tard, il sentait le choc des roues passant sur le cadavre.

Dans un slalom hurlant, le chauffeur zigzagua entre les sacs. Frost se retourna. Dans le camion qui suivait, Gillette, Shoerdell, Craymer et deux Marines de l'ambassade avaient ouvert le feu pardessus les ridelles. Trois guérilleros tombèrent.

Frost vit l'homme à genoux sur le terre-plein central. La gorge sèche, il vit la grenade pirouetter dans l'air et fracasser la vitre de la *camioneta*. Une déflagration tonna dans ses oreilles et la *camioneta* se transforma en boule de feu. La jeep qui suivait ne put s'écarter de sa route et s'encastra dans la carcasse flamblante.

— Halte ! rugit le Mercenaire.

La jeep s'arrêta dans un hurlement de pneus.

Gillette et Pearblossom avaient aussi fait arrêter leurs véhicules.

Le CAR-16 de Pearblossom stoppa d'une balle en pleine tête l'homme à genoux qui s'apprêtait à dégoupiller une nouvelle grenade. Le dernier guérillero s'enfuit, poursuivi par les deux Marines. A cette distance, Frost ne pouvait invervenir. L'homme se retourna et tira une courte rafale.

— Merde ! grinça Frost entre ses dents. Il a fait zig alors qu'il aurait dû faire zag !

Se déportant sur sa droite, l'un des Marines venait de se jeter dans la ligne de tir du guérillero. Il s'arrêta net, fauché en pleine course, s'agenouilla, tomba et mourut, roulé en boule sur l'asphalte. Le guérillero n'avait pas d'issue. Le convoi à l'arrêt bloquait toute la partie droite de la chaussée. Aucune rue ne donnait sur la Sexta à cet endroit. Au loin, Frost vit Riddell et Santarelli traverser le terre-plein et s'avancer de l'autre côté de la chaussée, coupant la retraite à l'homme en tenue kaki.

Sur l'avant du convoi, Frost, Shoerdell, Gillette et Craymer étaient là. En avançant, Frost sentit la chaleur du brasier lui griller la joue. Le guérillero se jeta contre une porte cochère et, frénétiquement, essaya d'en forcer l'ouverture à coups de crosse. Riddell s'élança et, à moins de dix mètres de distance, lui vida son chargeur dans les reins.

Nifkawitz et Sturmer qui occupaient la jeep accidentée avaient rejoint Frost.

Pearblossom regagnait son camion en boitant.

— Blessé ? cria Frost.

— Non. Je me suis juste tordu la cheville !

Le Marine vivant était blessé à l'épaule.

— Va dans le troisième camion, lui dit Frost. C'est là qu'est le toubib de l'ambassade.

Le grand soldat s'éloigna, le bras gauche pendant le long du corps.

— D'autres blessés ? hurla Frost.

— Non, je ne crois pas, répondit Nifkawitz qui était arrivé à son niveau. Par contre, il y a des morts, ajouta-t-il en indiquant la *camioneta*. Six ou sept employés de l'ambassade.

— Six, ou sept ?

— Je ne sais pas, dit Nifkawitz. Il faudrait demander à Cockroft. Mais vas-y toi-même. Il a l'air de faire la gueule.

— Conseille-lui plutôt de la boucler en passant. Tu vas aller rejoindre le bahut de Pearblossom. On repart.

— On ne passera jamais ! s'exclama Nifkawitz. Ces types-là ne pouvaient pas être tout seuls. Il y a forcément d'autres guérilleros d'ici à l'aéroport.

— Merci, ricana l'homme au bandeau noir. Je ne m'en serais pas douté. On repart et on prend la première à droite. Fais suivre la consigne à tous les véhicules.

— Où on va ? demanda Nifkawitz.

— Tu verras, répondit Frost.

Il alla rejoindre son chauffeur, s'assit dans la jeep et déplia sa carte.

— En route ! ordonna-t-il.

Une heure plus tard, le convoi traversait à allure modérée une immense plantation de caféiers. Ciudad de Guatemala se trouvait à trente kilomètres dans leur dos et ils n'avaient pas croisé un seul véhicule depuis la sortie de la ville. Des Indiens travaillant à la *finca* les regardaient passer, plantés au bord de la route de terre dans des attitudes hiératiques. Frost qui n'avait pourtant pas l'âme à faire du tourisme ne put s'empêcher d'admirer leurs larges ceintures brodées d'une multitude de petits losanges multicolores.

Les caféiers formaient une haie de trois mètres de chaque côté de la route. Les grandes fleurs en pompon rappelaient étrangement celles des chrysanthèmes. Frost se prit à espérer que les comparaisons s'arrêteraient là.

A 10 h 30, sous un soleil de plomb, ils arrivaient en vue de la petite ville de Zacapa, à 70 km au nord de Ciudad de Guatemala. Frost ordonna une halte et consulta sa carte.

Quelques minutes plus tard, ils repartirent et bifurquèrent sur leur gauche dans une route plus étroite. Quelques plaques d'asphalte indiquaient qu'à un époque, la route avait dû être entretenue. Les nids-de-poule, eux, indiquaient qu'on avait cessé de l'entretenir depuis longtemps.

Ils firent encore trois kilomètres, franchirent une porte entre deux palissades de bois et s'arrêtèrent sur un terre-plein, entouré de baraquements délabrés.

— Tout le monde descend ! cria Frost. Craymer et Riddell, vous gardez la *señorita* Armendariz, le général Montesinos et la *señora* Pañero. Les autres, retroussez vos manches !

— Où nous avez-vous amenés ? demanda Cockroft en s'avançant vers Frost d'un air menaçant.

— Vous le voyez bien, monsieur le Conseiller. Vous êtes dans une gare. Vous n'aimez pas le train ?

— Une gare ? Ça ?

— Eh oui, une gare. C'est ici que passe la voie ferrée construite en 1904 par la United Fruit. D'après mes renseignements, elle est restée intacte. Elle contourne les hauts plateaux par le nord, passe tout près de l'extrémité sud du lac Izabal puis s'enfonce dans la forêt du Petén et rejoint la frontière du Mexique. Ce n'est pas au Mexique que vous comptiez aller ?

— Si. Mais par la route. Qu'est-ce que cette folie ?

— Les routes, monsieur Cockroft, seront toutes contrôlées par les guérilleros. Par contre, essayez d'imaginer la superbe excursion que nous allons faire à bord de cette machine.

Il entraîna Crockroft à l'angle du bâtiment et lui montra une authentique locomotive de western avec haute cheminée et chasse-bœufs. Un tender et trois wagons couverts y étaient attelés.

— Allez ! enchaîna Frost. Tout le monde au boulot ! On décharge les haches, les scies et on va couper du bois. Santarelli et Shoerdell, vous vous occuperez du plein de flotte. Moi, je vais voir s'il y a moyen de faire partir cette limousine de rêve.

— Hep ! lança Pearblossom. Attends-moi. Le bricolage, c'est mon rayon. Je vais chercher une caisse à outils et je te rejoins.

Pearblossom n'avait pas menti. C'était un as en bricolage. La burette d'huile dans une main, la clef anglaise dans l'autre, il inspecta, nettoya, dégrippa minutieusement chaque pièce de la vieille locomotive. Frost, en bon assistant, lui tendait les outils demandés, ravi d'être tombé sur un artiste pareil.

— Tu as fait des études de mécanique ? demanda-t-il.

— Non, répondit Pearblossom. J'aime ça, c'est physique. Tout ce qui a un moteur et arrive à se propulser par ses propres moyens, ça me fascine. C'est mon trip, si tu veux.

— A ton avis, qu'est-ce que ça va donner ?

— Pour le moment, je n'ai rien trouvé de cassé. C'est très rouillé mais, à première vue, elle a l'air en état de marche. Les roues et les bielles sont bonnes. Les essieux tiendront le coup. Les pistons devraient se dégripper quand j'aurai mis en marche et que le graisseur mécanique fonctionnera. Les volants et les robinets sont très grippés mais, ça, j'en fais mon affaire.

— Tu crois que tu vas t'en sortir ? demanda Frost, effaré par la complexité apparente de la machine.

— Ecoute, en ce qui concerne la chaudière, le dôme à vapeur et le régulateur, ça a l'air impec. Ce qui m'inquiète le plus, c'est les tubes à vapeur. Ils sont bouffés à des tas d'endroits. Je vais les colmater avec du mastic réfractaire et c'est ce que je vais faire en premier parce qu'il faut que ça prenne le temps de sécher. Sinon, ça pète à la chaleur. Hé mais, dis donc, Frost, regarde un peu ça !

Pearblossom indiquait une petite plaque de cuivre rivetée au-dessus du foyer.

— Incroyable ! s'exclama Frost. Elle a été fabriquée en 1897 ! Encore plus vieille que la voie !

— T'inquiète pas, fit Pearblossom. C'était de la bonne camelote, ce qu'ils faisaient à l'époque.

— Je ne m'inquiète pas vraiment. Tu as l'air

d'un as. Mais dire que je suis complètement cool, ce serait peut-être aller un peu loin.

— Le seul truc qui m'emmerde vraiment, c'est la pompe à eau. Il va falloir la désosser entièrement. Mais d'abord le colmatage des tubes, à cause du temps de séchage.

— Ouais, dit Frost. Pour ça, pas de problème, je vais pouvoir te donner un coup de main.

— Bien sûr, c'est tout con. La seule chose, c'est qu'il faut s'appliquer. Parce que de toute façon, tu peux être sûr qu'il restera des fuites. Chaque fuite équivaut à une perte de pression donc à une perte de puissance. Sans compter que, pendant le voyage, plus ça va fuir, plus on va s'en prendre dans la gueule. On a donc intérêt à être soigneux.

— OK. On y va. Et la pompe ?

— Ah ça... Je ne peux pas me prononcer avant d'avoir ouvert, comme disait le chirurgien. Si tout est naze dedans, on pourra reprendre nos bahuts. De toute façon je vais en avoir au moins pour l'après-midi.

— Alors, au boulot ! déclara Frost.

A deux heures, les fuites étaient pratiquement toutes colmatées. Frost ordonna un arrêt pour le casse-croûte. Les hommes et les employés de l'ambassade s'installèrent par petits groupes dans la gare désaffectée. Frost et Pearblossom, les bras noircis jusqu'aux coudes, s'assirent à l'écart.

Deux mercenaires assuraient la garde de Montesinos, Estefania et Ursula. De temps à autre, Frost tournait l'œil vers le groupe. Deux prunelles couleur cachou le dévoraient amoureusement. Deux prunelles noires le fixaient avec fureur. Deux prunelles vertes l'incendiaient de leur rage et de leur frustration.

A la fin de l'après-midi, la pompe à eau était étalée en pièces détachées sur une bâche. Pearblossom refusait toujours de se prononçer mais il semblait relativement optimiste. A minuit, la pompe à eau était remontée. Frost se félicitait d'avoir pensé à prendre le groupe électrogène. Sans lui, ils auraient été obligés de travailler à la lampe de poche, ce qui aurait posé des problèmes supplémentaires. A deux heures du matin, les premiers « tchouf ! tchouf ! » se faisaient entendre. Il y avait quelques fuites, comme prévu, mais c'était très acceptable.

— Voilà, dit Pearblossom en essuyant son front noir de suie. Maintenant, il va falloir laisser chauffer tout doucement puis régler la pression. A mon avis, on ferait mieux de partir à l'aube. On va pouvoir roupiller un peu, on ne l'a pas volé. En espérant que les copains à Fidel ne viendront pas nous chatouiller les pinceaux.

— Ce n'est pas eux qui m'inquiètent, répondit Frost. On aura tout le temps de s'en préoccuper pendant la traversée du Petén. Non, le hic, ce serait plutôt Pañero. Rien ne prouve vraiment qu'il ne lui reste pas d'hélicoptères. Et quand il saura que sa femme est avec nous, il va piquer une rage dingue !

— Ça, je te crois. Mais les guéril...

Pearblossom se tut. Un hurlement venait de retentir dans le wagon du milieu, celui où Frost avait installé la famille de Montesinos.

— Nom de Dieu ! jura-t-il.

Au pas de course, les deux hommes se précipitèrent vers le wagon. En approchant, Frost entendit la voix d'Estefania :

— *Tío !* Oh, *Tío !* Tu l'as tué, salope ! Ordure ! Pouffiasse ! Et vous, ne restez pas plantés là comme deux imbéciles. Allez chercher le médecin de l'ambassade. Et que ça saute !

— Mais... mais..., bégaya Fledgette.

Frost entrait dans le wagon, Pearblossom sur les talons. Le général était étendu sur sa couverture, la bouche ouverte, les yeux révulsés. Penchée sur lui, Estefania pratiquait un massage cardiaque pendant que Kilner faisait reculer Ursula au fond du wagon sous la menace de son arme.

— Qu'est-ce qui s'est passé ? rugit Frost.

— Je... je crois qu'elle a tout dit à Montesinos.

— Qui ? Quoi ?

— Elle, madame Pañero, au sujet de son mari.

— Tu ne pouvais pas la surveiller, imbécile ?

— Mais... je... Frost..., bredouilla le grand mercenaire. Ils étaient en train de parler à voix basse pendant qu'on tapait le carton.

— Il va crever ! ricana Ursula dans un rire sardonique. J'aurais au moins eu ma vengeance.

— Kilner !

— Oui, chef !

— Arrête de m'appeler chef ! jappa Frost.

— Oui, chef ! Euh... Pardon, chef, ça m'a échappé.

— In-dé-cro-ttable ! Bon, tu vas me bâillonner cette pouffiasse rousse et me la ligoter dans un coin. Qu'on soit tranquilles !

Estefania massait toujours. Frost s'approcha du général et l'écarta pour la relayer.

— Merci, Hank, soupira-t-elle, essoufflée.

— Tu crois qu'il va s'en tirer ?

— Je n'en sais rien, répondit la jeune fille. Attendons le médecin.

— Hé, chef, j'ai pas de bâillon, lança Kilner.

« In-dé-cro-ttable ! » songea Frost intérieurement. Puis à voix haute :

— Démerde-toi ! Bourre-lui ton mouchoir dans la bouche et termine avec la bande velpeau de ta trousse de secours. Un peu d'initiative, bon Dieu !

— Quoi ! s'exclama Ursula. Ce chiffon morveux dans ma bouche ? Pas question !

— Allez ouvre, ma jolie. Elle a bien dû en voir d'autres, ta bouche... Aïe ! La salope ! Elle m'a mordu, chef !

— Colle-lui une baffe et fous-moi la paix ! hurla Frost à bout de souffle.

— OK, chef.

Aussitôt dit, aussitôt fait. Frost entendit le claquement d'une beigne monumentale. Le médecin arrivait avec Pearblossom. Frost se poussa pour lui laisser la place. En se relevant, il vit le corps d'Ursula, inerte à l'autre bout du wagon. Le médecin, à genoux sur la couverture, s'affaira sur le général. Kilner, à califourchon sur Ursula, s'affairait à la confection de son bâillon.

— Hé ! c'est confortable, ricana Kilner.

Personne ne lui répondit.

— Alors, docteur ? demanda Estefania, inquiète. Vous pensez que c'est grave ?

— C'est encore difficile à dire, répondit le médecin en rangeant son stéthoscope dans sa trousse. Je lui ai administré un stimulant cardiaque. Le cœur est reparti. Mais il faut attendre.

Il tendit deux flacons à Estefania.

— Vous lui ferez prendre deux pilules bleues dans un quart d'heure. Un quart d'heure plus tard, deux pilules vertes. Et ainsi de suite. Je repasserai dans deux heures. S'il y avait une aggravation, n'hésitez pas à me faire appeler.

— Je vous remercie, docteur.

Dans son coin, Kilner était occupé à ficeler Ursula comme un saucisson.

— Hé ! C'est qu'elle est dodue, la cochonne ! ricana-t-il d'une voix lubrique.

Personne ne lui répondit.

— Fledgette, tu peux aller dormir ! lança Frost.

Il ne voyait pas l'intérêt de mobiliser deux hommes pour la garde d'Ursula ligotée, de Montesinos malade et d'Estefania dont il n'avait rien à craindre.

— Tu t'en vas, Hank ?

— Oui. Tout bien réfléchi, je vais faire partir le train le plus vite possible. Le plein d'eau et de bois sont faits. Pearblossom a posé quatre phares de camion sur le chasse-bœufs. On a installé le groupe électrogène dans le wagon de tête et il s'est débrouillé pour faire passer des câbles jusqu'à l'avant de la loco. Vu l'état de ton oncle, je préfère arriver le plus tôt possible au Mexique.

— Tu as raison. Mais j'aurais bien aimé...

— Moi aussi, baby. Seulement, je crois qu'il va falloir qu'on fasse ceinture. D'abord, ça manque un peu d'intimité et puis, que veux-tu, je suis un homme très pris.

Estefania esquissa un pâle sourire. Puis elle se leva et se blottit contre Frost qui l'embrassa longuement sous le regard médusé de Kilner et Pearblossom.

*
**

— Hé ! Frost ! Tu roupilles ou quoi ?

Pearblossom se retourna. Il avait tombé la chemise et ses muscles proéminents luisaient sous le soleil.

— Euh... Quoi ! Oh la vache ! J'étais en train de m'endormir debout !

— Charge-moi un peu ce foyer, grogna Pearblossom en regardant un manomètre. La pression baisse.

Frost attrapa plusieurs bûches dans le tender et les lança dans le foyer.

— Suffit, dit Pearblossom. Economie, économie... Quoique ça n'est pas ici qu'on risque de tomber en panne de bois.

Il manœuvra un robinet et un jet de vapeur s'échappa joyeusement au-dessus de la vieille locomotive.

Comme l'indiquait la carte de Frost, ils avaient contourné les hauts-plateaux par le nord et, depuis le début de la matinée, avançaient bon train dans l'épaisse forêt du Petén. Bon train, pour leur machine, cela voulait dire une vitesse de croisière de l'ordre de trente-cinq kilomètres à l'heure. La frontière mexicaine était à trois cents kilomètres environ. Une dizaine d'heures. Mais il fallait compter avec les arrêts.

Une flore luxuriante défilait de part et d'autre de la voie : azalées sauvages, hibiscus aux fleurs multicolores, bananiers, lianes énormes, *colas de pescado* pendant en longues torsades semblables à des ressorts, plantes vertes aux formes prodigieuses. Frost reconnut également des caféiers sauvages qui, contrairement à ceux des plantations limités par la taille, s'élevaient parfois à dix mètres du sol.

D'immenses fromagers crevaient cette couverture végétale. Massifs à la base, ils s'amincissaient au milieu pour s'évaser à nouveau et éclater en une gerbe de branches qui se déployaient comme un parapluie géant. Leurs troncs, ornés de profondes saignées et de saillies tourmentées, semblaient sculptés au ciseau par un artiste de génie. Ici et là, une trouée dévoilait à Frost l'imposante structure d'une pyramide à étages : un temple maya, témoin d'une civilisation vieille de plus de quinze siècles. Des cônes de lumière vaporeuse plongeaient des frondaisons et jouaient avec les mousses dévorantes, composant un camaïeu d'émeraudes sur les pierres usées.

En observant Pearblossom, Frost se familiarisa rapidement avec le maniement de la machine. Bientôt, ils se relayèrent aux commandes par factions de deux heures. A midi, au milieu du claquement des bielles et du « tchouf ! tchouf ! » de la cheminée, Frost entendit appeler dans son dos. Il se retourna, stupéfait.

— Estefania ! Comment es-tu arrivée ici !

— Par le même chemin que vous. Je suis passée par-dessus le bois du tender.

— Tu vas te casser le cou ! sermonna Frost.

— Capitaine Frost, j'aimerais bien que vous me considériez comme une grande fille et que vous cessiez de me faire la morale à tout bout de champ !

— *Señorita* Armendariz, il me semble vous avoir prouvé à plusieurs occasions que je vous considérais comme une grande fille.

— Dis donc, cochon !

Pearblossom gardait les yeux obstinément fixés sur la voie. Frost se demanda s'il les entendait.

— Tu as laissé quelqu'un près de ton oncle ? demanda-t-il à Estefania.

— Oui, un de tes hommes. Un certain Fledgette. Un grand qui passe son temps à raconter des histoires abracadabrantes.

— Comment va le général ?

— Le médecin pense que ce n'est pas très grave mais qu'il lui faut beaucoup de repos, répondit Estefania.

— Les conditions ne sont pas idéales pour ça.

— Oh, il arrive à bien dormir. Bon, je vais y aller. Je n'aime pas le laisser seul trop longtemps. Tiens, voilà des sandwiches et des bières que je vous ai apportés.

— Merci, dit Frost.

Il attira Estefania à lui et l'embrassa. Lorsqu'elle s'écarta, la jeune fille regarda son T-shirt blanc orné d'une énorme tache noire.

— Oh ! s'exclamai--elle. Je suis jolie, maintenant. Voilà ce que c'est de flirter avec un charbonnier.

Puis elle éclata de rire, pirouetta et Frost la regarda escalader le tender.

A deux heures, la provision de bois était épuisée.

Frost fit déboulonner les sièges qui restaient dans les voitures et organisa une chaîne pour acheminer les planches jusqu'au tender. A 3 heures, les planches étaient toutes brûlées. Frost qui était aux commandes arrêta le train dans une clairière.

Aidé de Gillette, il distribua les tâches pour les corvées de bois et d'eau. Un homme avait repéré une mare fétide. Elle servirait de réservoir pour alimenter la chaudière. Mais à coups de jerricans de vingt litres, cela allait prendre un bon moment.

Frost et Pearblossom s'allongèrent sur des couvertures et dormirent dans le wagon occupé par Estefania, Montesinos et Ursula. A 5 h 30, Estefania les réveilla en annonçant que le plein de bois et d'eau étaient faits.

— Avant de repartir, dit Pearblossom, il faudrait vérifier les attelages, les roues et les pistons.

— J'y vais, dit Frost. J'ai besoin de me dégourdir les jambes. Et de faire autre chose, aussi.

Estefania et Pearblossom sourirent. Frost sortit. Il commença par contrôler l'état des roues sur les wagons puis alla se vider la vessie et passa à la locomotive. Tout paraissait en ordre. Il retourna chercher Pearblossom. Lorsqu'il entra dans le wagon, plus d'Estefania, ni de Pearblossom. Plus d'Ursula non plus. Le général et son brancard avaient également disparu.

Fledgette, Bilstein et Nifkawitz les avaient remplacés.

— Qu'est-ce qui se passe ? demanda Frost. On déménage ?

— Sacré Frost, toujours le sens de l'humour...,

ricana Fledgette. Il se passe que la direction change de main, mon capitaine.

D'un direct du droit, Frost lui écrasa le nez. Fledgette recula sous l'impact et s'arrêta, groggy, contre la cloison de bois. Frost dégaina, les mâchoires crispées. Bilstein était sur lui. A bout portant, il lui tira quatre projectiles dans le ventre. Bilstein fit deux pas en arrière et s'écroula avec un râle gargouillant. Nifkawitz s'était emparé du poignet de Frost. D'une violente torsion, il lui fit lâcher le High Power, qui tomba avec un claquement métallique. D'un coup de pied, Nifkawitz expédia l'arme hors de portée de Frost.

D'un coup de coude à l'estomac, Frost le plia en deux. Nifkawitz poussa un hurlement de douleur. Il s'agrippa à une barre verticale et se mit à vomir. Frost dégaina son couteau de combat. Fledgette s'était ressaisi. Il chargea. Le Gerber MK-I lui trancha la gorge de part en part, emportant dans le même mouvement la moitié de son oreille gauche.

Frost se retourna pour achever Nifkawitz. A cet instant, il capta un mouvement, à la limite de son champ de vision. Il fit volte-face vers la porte de communication avec le premier wagon. Trop tard.

Craymer était devant lui, une barre de fer à la main. Frost tenta d'esquiver mais le choc résonna dans son crâne comme un coup de poing. Un voile de sang se tendit devant son regard. Puis, il plongea dans un trou noir.

CHAPITRE XI

— Alors, *Captain*, on se réveille ?

Frost ouvrit la paupière, voulut se frotter l'œil. Il était immobilisé. Sa vision était floue, il ne distinguait pas encore mais à mesure qu'il revenait à lui, il éprouvait une diversité de sensations : les membres raides, une douleur au front, le visage enflé.

Il ne pouvait pas bouger les mains. Le contact froid du métal sur ses poignets lui fit comprendre qu'il était menotté. Il était assis et nu. En regardant vers le bas, il sentit un violent élancement dans la nuque. Une chaîne passée autour de sa poitrine le maintenait au dossier de son siège.

Il releva la tête et grimaça. Un nouvel élancement venait de lui tarauder la nuque. Il était dans un wagon. Son regard tomba sur le groupe électrogène. C'était le wagon de tête. Il faisait nuit noire derrière les vitres. Il avait dû rester inconscient pendant plusieurs heures. Il tourna la tête au prix d'une douleur abominable et aperçut Craymer.

— Dites donc, *Captain*, vous qui manquiez de sommeil, ça a dû vous paraître bon ! Plus efficace qu'un tube de somnifères, mon petit coup de barre sur la tête, hein ?

— Crève, ordure ! marmonna Frost.

Il réalisa que ce n'était pas très original mais, spontanément, c'était tout ce qu'il avait trouvé. Il avait l'impression qu'un percussionniste s'était installé dans son crâne avec la plus grosse de ses grosses caisses.

Craymer se leva et approcha.

— A mon avis, c'est plutôt toi qui va crever. Mais en douceur. On va te laisser tout le temps de t'apercevoir de ce qui t'arrive.

La porte s'ouvrit. C'était Shoerdell.

— Ah ! grogna Frost. Tu es dans le coup, toi aussi, fumier. Et Nifkawitz ?

— Avec Santarelli. Ils sont en train de babysitter le général, sa nièce, les Marines, enfin tout le monde quoi.

Shoerdell se tourna vers Craymer.

— Le patron arrive dans une minute. Il n'a pas encore tout à fait fini avec la dame.

Frost se raidit.

— La dame quelle dame ? demanda-t-il, le ventre noué.

— Tu verras bien, répliqua sèchement Shoerdell.

— Qu'est-ce qu'on fait, alors ? dit Craymer. Je commence à m'impatienter moi !

— Le patron a dit qu'on l'attende. Il ne veut pas que l'on commence avant son arrivée.

Craymer décocha un coup de pied vicieux dans les côtes de Frost puis se tourna vers Shoerdell :

— Tu veux dire qu'il ne veut pas que je fasse ça ?

Les deux hommes éclatèrent d'un rire mauvais.

— Alors, les gars, je vous avais dit de ne pas commencer sans moi.

La petite silhouette de John Cockroft pénétra dans le wagon. Malgré sa position inconfortable, Frost ne put s'empêcher une nouvelle fois de le comparer à Napoléon.

— Vous m'excuserez si je ne me lève pas, monsieur le Conseiller, grinça-t-il entre ses dents.

— Eh bien, capitaine Frost, je vois que vous n'avez pas perdu votre sens de l'humour.

— Oh, c'est une réplique que j'ai entendue dans un mauvais feuilleton. Je n'ai aucun mérite.

Les lèvres fines de Cockroft se retroussèrent, dévoilant des canines aiguës. C'était donc lui le « patron », mais le patron de quoi ?

— C'est de circonstance, dit Cockroft. Le feuilleton qui va suivre sera mauvais, très mauvais pour vous. Mais tout d'abord, je vais vous exposer le scénario.

Cockroft alluma un gros havane, souffla la fumée au nez de Frost et enchaîna :

— Pour commencer, permettez-moi de vous féliciter pour votre sens de la prévoyance. Si vous n'aviez pas pensé à prendre ce groupe électrogène, je n'aurais jamais pu concevoir ce qui va suivre.

— Quoi ? Qu'est-ce que c'est que cette histoire de cinglés ?

— De cinglés ? Pas du tout, reprit paisiblement Cockroft. Il s'agit d'une technique très éprouvée. D'abord, la gégène, ensuite, le baquet et, pour finir, le passage à tabac. Enfin, quand je dis « pour finir », c'est une façon de parler. Parce que, bien sûr, nous recommencerons le cycle aussi longtemps qu'il le faudra pour que vous deveniez raisonnable.

Frost sentit une boule lui descendre au fond de la gorge. Il connaissait cette « technique très éprouvée ». La « gégène », c'était la génératrice produisant l'électricité que les tortionnaires faisaient passer dans le corps de leurs victimes. Le baquet, c'était le baquet d'eau dans lequel on leur immergeait la tête. Et le passage à tabac, c'était le passage à tabac, généralement des coups de bâtons sur le ventre pour que le torturé vomisse l'eau absorbée dans le baquet et ne meure pas trop vite.

— Mais pourquoi ? demanda-t-il, dissimulant à grand-peine la peur qui lui tenaillait le ventre.

— Pourquoi ? Toujours le mot pour rire, Capitaine ? Pour que vous me disiez où vous avez caché la valise que vous m'avez volée.

— La valise ? Quelle valise ?

— Allons, Capitaine, ne faites pas l'enfant ! C'est vous qui allez souffrir inutilement... A propos, savez-vous pour combien il y en a dedans ? Pour huit cent mille dollars !

— Huit cent mille dollars de quoi ?

L'irritation commençait à se lire sur le visage de Cockroft.

— Huit cent mille dollars d'héroïne, voyons ! Quand vous vous en êtes emparé, vous deviez tout de même savoir ce qu'elle contenait, non ?

Si Frost n'avait pas été assis, il serait tombé.

— Ah, je comprends, siffla-t-il. Monsieur le conseiller de l'ambassadeur fait du trafic de drogue.

— Par convictions personnelles, capitaine Frost.

Faites-moi au moins justice sur ce point. Le profit matériel ne constitue qu'un aspect, disons... accessoire de mon activité.

— Je ne saisis pas bien comment on peut faire du trafic de drogues par conviction personnelle, ricana Frost.

— C'est que vous manquez d'imagination, Capitaine. Il s'agit simplement de participer à l'intoxication de la nation décadente où nous avons tous les deux vu le jour. Frapper l'ennemi au défaut de la cuirasse, voilà la tactique. Mes amis cubains et moi-même estimons qu'il est largement temps de mettre le marxisme en place sur tout le continent américain. Du Guatemala, on a la porte ouverte sur le Mexique et du Mexique la porte ouverte sur les Etats-Unis.

Frost n'en croyait pas ses oreilles. Halston avait raison !

— Je comprends, dit-il et plus l'ennemi est affaibli, plus on le frappe facilement.

— C'est cela même, capitaine Frost. Vous voilà soudain devenu très clairvoyant.

L'air satisfait, Cockroft tira sur son énorme cigare.

— Ce que je ne comprends pas, enchaîna Frost, c'est pourquoi vous m'accusez d'avoir volé cette came.

— Ne faites pas l'innocent, Capitaine. On vous a vu.

— Qui ?

— La *señora* Pañero.

L'homme au bandeau noir ne put s'empêcher de sourire.

— Tout s'explique, ricana-t-il. Vous avez sauté cette grue et elle vous a dit qu'elle m'avait vu voler la valise. Logique. J'aurais dû m'en douter. Elle me hait à mort. Elle serait capable de n'importe quoi pour me perdre.

Cockroft fronça imperceptiblement les sourcils :

— Restez correct quand vous parlez de la future Mme Cockroft, je vous prie !

Cette fois, Frost éclata de rire.

— Ah, mon pauvre Cockroft, vous vous êtes fait avoir comme un bleu ! Cette salope a complètement retourné sa veste. Vous avez de l'argent, vous avez ce qui l'intéresse entre les jambes, ça suffit. Le fric et le cul ! Ce sont ses seuls intérêts dans la vie. Elle vous a bien embobiné...

Cockroft avançait, l'air menaçant.

— Mais, soyez tranquille, ajouta Frost, si vous cessez de satisfaire à ses exigences, elle n'hésitera pas à vous écraser comme un insecte.

— Je vous ai dit de rester correct ! glapit Cockroft.

Sans avertir, il écrasa le bout de son cigare sur la poitrine de Frost qui serra les dents pour ne pas hurler.

A cet instant, la porte du wagon s'ouvrit. Ursula entra. Elle venait savourer sa victoire. Un sourire figé sur les lèvres, elle s'avança en tortillant des fesses dans son jean moulant et le balaya de son regard vert. « Dommage », semblaient dire ses yeux en s'attardant longuement sur le sexe du Mercenaire.

— Félicitations, grinça Frost. Tu as gagné. Mais pour le moment seulement. Aucun de vous ne sait faire marcher ce train. Avec Pearblossom et moi prisonniers, il est condamné à l'immobilité. Ton mari finira bien par nous retrouver et, quand il apprendra ce que tu as fait, on y passera peut-être mais toi aussi avec nous.

Ursula semblait avoir pris le parti du silence. Le sourire toujours sur les lèvres, elle se tourna vers Cockroft :

— Tu ne lui as pas dit, John ?

— Non, pas encore. Sachez, Capitaine, que j'ai lancé un message radio à mes amis guérilleros en leur indiquant notre position précise. Ils seront ici demain matin vers huit heures. Je crois savoir qu'ils n'ont pas l'intention de laisser de survivants derrière eux. A part le général Montesinos qu'ils comptent traduire devant un tribunal populaire avant de l'exécuter.

— Belle justice où le verdict est prononcé d'avance ! lâcha Frost d'un ton ironique.

Mais, à la vérité, coincé entre les guérilleros, Pañero et ces fous qui s'apprêtaient à le torturer, il n'était pas d'humeur à faire de l'ironie.

CHAPITRE XII

Libéré de ses chaînes, Frost avait été agenouillé sur le plancher. Shoerdell et Craymer l'avaient ficelé à l'aide de solide corde. Il pouvait à peine bouger le petit doigt. Craymer approcha, lui entoura le corps de linges humides puis, l'air satisfait, prit les fils de cuivre reliés à la « gégène » et les frotta ensemble pour faire jaillir une grande étincelle bleue.

Craymer s'apprêtait à lui enrouler les fils autour des testicules lorsque Ursula l'écarta, prit les fils et les plaça elle-même en laissant ses doigts s'attarder longuement sur le sexe de Frost. Il pensa que la torture psychologique qu'elle lui imposait était sans doute la partie la plus insupportable du supplice. Il se trompait.

Il ne le sut que lorsque Ursula alla rejoindre Cockroft et que Shoerdell mit le courant. Une douleur fulgurante lui déchira le sexe puis son corps entier ne fut plus qu'une immense brûlure, dont l'épicentre se situait au niveau de ses testicules. Chacun de ses muscles s'anima de mouvements spasmodiques incontrôlables.

Il s'entendait pousser des cris rauques, se sentait

sauter sur le plancher comme un poisson hors de l'eau, malgré les liens qui l'emprisonnaient.

Puis le courant cessa. Frost sentit encore une secousse ou deux puis il se crispa, l'œil fixe, la bouche béante, incapable d'esquisser un battement de paupière.

— Alors, cette valise, Capitaine ? Où l'avez-vous cachée ?

Frost voulut répondre, il voulut parler. Dire qu'il n'avait pas pris la valise, dire qu'Ursula était une traînée. Il ne put pas remuer la langue.

— Très bien. Le baquet.

Frost sentit son ventre se comprimer. On l'avait pris par les cheveux. On lui poussait la tête vers le baquet posé sur le sol. Il vit la surface de l'eau approcher. Sa vision devint rouge. Puis noire. Il essaya d'avaler l'eau, de l'aspirer dans ses poumons pour mourir tout de suite, ne pas souffrir, leur échapper. Il n'en avait pas la force.

Frost ne respirait plus. Depuis combien de temps ? Il l'ignorait. Sa conscience était réduite au martèlement lancinant qui lui battait les tempes. Il était faible. Il allait perdre connaissance, mourir... enfin...

On lui sortait la tête de l'eau. Malgré lui, il respirait. Il essaya de s'en empêcher. Impossible. Il n'avait plus assez de volonté, plus assez de force. Une main lui gifla le visage à toute volée, l'empêchant de sombrer totalement dans l'inconscience. Puis il y eut la voix :

— Où est la valise ? Réponds !

Frost poussa un grognement rauque et vomit. Un

carillon sonnait dans ses oreilles. Des insectes noirs dansaient devant ses yeux.

A nouveau, son ventre se comprima. A nouveau, son visage connut le contact tiède du baquet d'eau. Une main lui prit les cheveux. Sa tête sortit de l'eau. Un tonnement sourd lui défonça les tympans. D'autres mains sous ses bras... On l'asseyait. On le giflait. Un cri de femme :

— Salauds !

Estefania... Piétinements... Coups de feu... longue rafale crépitante. Nouveau cri de femme :

— Salope ! Ordure !

Estefania ? Coup de feu. Interminable hurlement d'animal blessé. Coups de feu, rafale. Bruits de chute.

Frost ouvrit la paupière.

Le plancher brun grisâtre s'étalait sous son œil. Il eut l'impression qu'on lui relevait la tête, qu'on lui donnait des gifles sur les joues. Il aspira une grande bouffée d'air, toussa. La vue lui revenait. Trouble, d'abord puis, progressivement, plus distincte.

— Hank... Hank...

Estefania. C'était elle. Il leva l'œil et rencontra les prunelles brunes inquiètes.

— Ça... ça va..., s'entendit-il bredouiller.

Trois formes gisaient sur le plancher rougi de sang. Deux étaient kaki : Craymer et Shoerdell. L'autre était bleue. Le regard de Frost parcourut les jambes moulées dans le jean, le sweat-shirt bleu pâle, les cheveux roux ensanglantés. Il ne restait plus que la moitié du visage.

Deux autres formes étaient debout. Cockroft et Estefania. Frost voulut appeler, dire qu'il vivait. Il ne pouvait pas encore. Estefania avait à la main le Browning subtilisé par Nifkawitz. Cockroft la regardait, terrorisé.

Frost vit une machette dans le caisson du lot de bord. Tel un automate, il tendit le bras, sentit sa main se refermer sur le manche. Il était debout maintenant. Il ne marchait pas. Il était porté par un nuage, comme dans un rêve. Son regard était fasciné par Cockroft et le masque de terreur abjecte qu'il portait sur le visage. Frost leva la machette. Il vit la tache humide apparaître sur le devant du pantalon puis s'étaler rapidement.

— Non ! Non ! Ne me tuez pas !

C'était la voix. Celle de la « gégène ». Celle du baquet. La machette frappa. La tête de Cockroft tomba sur le plancher, roula et acheva sa course dans la cervelle d'Ursula. Le corps vacilla puis tomba, tout droit, en arrière. Frost eut l'impression de se réveiller, la machette sanglante à la main. Il hurla :

— Estefania !

— Oui. Je suis là.

— Dis, je l'ai tué ? C'est moi qui l'ai tué ?

— Oui. C'est toi, Hank.

Soudain Frost fut totalement éveillé.

— Ça y est. Je me souviens maintenant. Pardonne-moi de t'avoir offert ce spectacle.

— Il le méritait, Hank.

— Et Ursula ? C'est toi ?

— C'est moi, dit simplement Estefania.

— Comment as-tu pu ?

Elle ne répondit pas. Elle regarda vers le fond du

wagon. Frost se retourna. Nifkawitz était là, un CAR-16 à la main.

— J'ai fait semblant de me rallier à eux pour ne pas être enfermé avec les autres, expliqua-t-il en avançant vers Frost.

— Merci, dit Frost. Merci à tous les deux.

Estefania se jeta dans ses bras et l'embrassa fougueusement. L'air gêné, Nifkawitz se dandina un moment d'un pied sur l'autre puis sortit dans la clairière.

Frost récupéra ses vêtements et s'habilla.

— Tu te sens mieux ? demanda Estefania.

— Nettement mieux. Je tiens debout. Mais ça fait encore très mal.

— Je m'en doute. Je vais t'appeler le docteur.

— Où est-il ? questionna Frost.

— Dans la voiture de queue. Il soigne les blessés.

— Ah ! Il y a eu des blessés ?

— Tu penses que les mercenaires ralliés à Cockroft se sont laissé dominer comme ça. Il y a même eu des morts.

— OK, décida Frost. Laissons le toubib s'occuper de ceux qui ont besoin de lui.

— Tu crois que ça va passer ? demanda Estefania.

— Je crois, répondit Frost en maîtrisant une grimace de douleur.

Il serra Estefania contre lui puis dit :

— Maintenant, il faut que je m'occupe de faire partir ce train le plus vite possible. Je vais retrouver Nifkawitz.

— Je retourne auprès de mon oncle, fit Estefania. Si tu me cherches, je suis dans la voiture de queue. Et puis le docteur a sans doute besoin d'aide. Je vais voir ce que je peux faire.

Il lui effleura les lèvres d'un baiser puis sortit. Dehors, Nifkawitz, les mains dans les poches, regardait l'aube verdâtre poindre à la cîme des arbres. Il se retourna en entendant le pas de Frost.

— Dis donc, fit-il. Il serait temps de déhotter. Si les guérilleros ont rendez-vous ici à huit heures, ils ne vont pas tarder.

— Où est Pearblossom ?

— Dans le wagon de queue.

— En bon état ?

— Blessé à l'épaule mais il m'a dit qu'il était capable de reprendre les commandes.

— OK, dit Frost. Va le chercher. Qu'il fasse repartir la loco sur-le-champ. Ensuite, viens me retrouver dans le wagon de tête. On a à causer tous les deux.

Dans le wagon, Frost s'allongea sur une couverture et étala sa carte devant lui. Puis, en dépit de sa volonté, sa paupière se ferma, sa tête tomba sur la couverture et il s'endormit.

Il fut réveillé par les trépidations du convoi qui s'ébranlait. La porte s'ouvrit sur Nifkawitz. Frost s'assit sur la couverture et d'un geste, invita Nifkawitz à le rejoindre.

— Alors, demanda-t-il en allumant une Camel, tu as réussi à savoir qui était l'autre agent de la CIA ?

— Oui. C'est Pearblossom.

— Ça ne m'étonne pas, dit Frost. C'est un type sensationnel. Quelle était votre mission exacte ? On ne vous a certainement pas envoyés au Guatemala uniquement pour surveiller Montesinos.

— Non mais ça en faisait partie. En fait, l'objectif N° 1 était de démasquer Cockroft et de l'éliminer. La Company avait eu vent des trafics de drogue. Elle savait qu'il y avait une brebis galeuse dans le personnel de l'ambassade et dans celui du Département d'Etat. Ce qu'elle ignorait, c'est que c'était la même personne.

— A propos, vous savez ce qu'elle est devenue, cette valise ? s'enquit l'homme au bandeau noir.

— Oui. On l'a retrouvée dans le wagon de queue. C'était Kilner qui l'avait déplacée au moment où on a démonté les sièges.

Frost se mit à rire.

— Je me demande ce qu'on va faire de cette came. On pourrait la vendre, après tout.

— Nifkawitz rit à son tour.

— Si on arrive au bout, on la remettra aux autorités mexicaines.

— Quelles autorités ?

— Celles que j'ai averties par radio.

Frost se gratta la tête. Du bout des doigts, il palpa les petits reliefs laissés par les points de suture sur son cuir chevelu. « Il va bientôt falloir que je fasse enlever mes fils », songea-t-il. Puis il demanda :

— Tu as un émetteur-récepteur ?

— Oui. Dans mon ceinturon. Dis-moi, Frost, on est à combien du Mexique ?

— Environ quatre heures d'après ce que raconte ma carte.

— Et on a quel pourcentage de chances ?

— Je ne sais pas mais c'est maigre. Quand les

guérilleros s'apercevront qu'on leur a grillé la politesse, ils vont certainement envoyer des gens nous attendre en amont.

— Le seul problème, c'est de savoir où.

— J'ai ma petite idée là-dessus, répondit Frost. Juste avant la traversée du Chixoy.

A cet endroit, en effet, la voie ferrée sortait de la forêt. Elle grimpait dans la rocaille, traversait un défilé entre deux pans rocheux puis empruntait le pont qui enjambait le fleuve. Frost exposa son hypothèse à Nifkawitz, qui approuva :

— Ouais, la grimpette va nous ralentir un brin. S'il sont malins, ils nous attendront dans le défilé, au moment où on sera bien ralentis et bien coincés. Et Pañero ?

— Pañero, son seul moyen de savoir comment on s'est tirés, c'est de découvrir les camions et les voitures à la vieille gare de Zacapa. A mon avis, ça va lui prendre du temps. Ensuite, il faudra qu'il fasse amener un train sur la voie.

— Il peut venir en hélico, suggéra Nifkawitz.

— S'il lui en reste, et d'une. Et s'il est prêt à prendre le risque de dégommer tout le monde, et de deux. Un assaut en hélico massacrera les passagers sans distinction. Or Pañero doit penser que sa douce et tendre Ursula est toujours des nôtres. Tu me suis ?

— Je te suis, conclut Nifkawitz.

***

Pañero avait dû découvrir très vite les véhicules abandonnés à la gare de Zacapa. Le train à vapeur battant pavillon guatémaltèque les rattrapait irrésistiblement. Il y avait maintenant deux kilomètres que Frost guettait ses poursuivants. Pañero n'avait pu mettre sur rails un train moderne en raison de l'écartement des voies. Mais sa locomotive était plus récente et plus grosse que l'engin poussif de Frost.

— Fais-lui cracher tout ce qu'elle peut ! hurla Frost à Pearblossom.

— J'ai déjà mis toute la gomme. On ne peut pas aller plus vite !

De chaque côté des parois rocheuses, Frost voyait des centaines de points scintiller sous le soleil. Il savait ce que c'était, le métal des armes et le verre des lunettes de visée.

Leur seule chance était que les guérilleros aient suffisamment envie de prendre Montesinos vivant. Sinon, ils pouvaient très bien attaquer le train à coups de mortier ou, plus simplement, saboter la voie. Frost avait tout misé sur cette hypothèse.

Derrière, le train de Pañero continuait à grignoter du terrain, inexorablement.

— Fais-la crever mais je veux qu'elle accélère ! hurla Frost.

Puis il s'élança sur le tender, passa rapidement dans la voiture de tête et appela Estefania.

— Que tout le monde se masse dans cette voiture, dit-il. Fais passer le mot !

Il revoyait mentalement sa carte, essayant de calculer la distance qui les séparait du Mexique puis, soudain, il se frappa le front en grommelant :

— Nom de Dieu ! Mais je me suis foutu dedans !

Précipitamment, il se hissa à la force des bras sur le haut du tender et cria à Pearblossom :

— Ralentis !

— Faudrait savoir ce que tu veux.

— J'ai pigé leur plan ! Ils se montrent pour nous faire accélérer, justement, et je suis tombé dans le panneau. A la sortie du défilé, la voie se met à redescendre vers le fleuve. Le pont suspendu qui enjambe le Chixoy doit se trouver à environ trois kilomètres. S'ils l'ont fait sauter et qu'on arrive dessus en pleine vitesse, avec en plus le train de Pañero au cul, on est bons pour le grand plongeon.

Déjà, il sentait sous ses pieds la décélération du train. Dès qu'ils observèrent le ralentissement, les guérillos commencèrent à ouvrir le feu. Ça prouvait que Frost avait vu juste.

Il traversa le wagon de tête qui se peuplait à vue d'œil puis passa dans le wagon du milieu. Il aida deux Marines à transporter le brancard du général vers la tête du convoi puis repartit vers l'arrière. Il se trouvait entre les deux wagons lorsqu'une rafale déchiqueta le toit de bois de la dernière voiture. Presque simultanément, Frost sentit une douleur cuisante à la cuisse gauche et entre les omoplates. Il tomba, voyant venir les roues qui allaient le broyer.

CHAPITRE XIII

D'un effort surhumain, Hank Frost réussit à saisir une des chaînes de l'attelage, arrêtant sa chute à quelques centimètres des roues.

Le ballast défilait à une allure d'enfer sous son regard, tandis qu'il se hissait en travers du tendeur d'attelage. Serrant les dents il s'agrippa à l'échelle de la voiture de queue, se redressa et poussa la porte. La blessure de sa cuisse était superficielle mais, déjà, son pantalon de treillis rougissait de sang. Quant à celle de son omoplate, Frost l'ignorait. Il n'avait pas d'œil derrière la tête.

Essayant de faire porter le poids sur sa jambe valide, il s'empara d'une caisse de bois qu'il traîna au fond du wagon. Il poussa sa caisse sous la plateforme extérieure au moment où une giclée de projectiles faisait voler la rambarde en éclats.

La décélération était de plus en plus nette.

Frost ouvrit la caisse avec son couteau Gerber et en sortit des pains de plastic qu'il colla de son mieux aux tampons du wagon. Le train de Pañero était à moins de deux cents mètres. Frost voyait le chasse-bœufs menaçant qui s'avançait vers eux semblable à un brise-glaces. Puis il attrapa dans son dos deux boîtes contenant des détonateurs à impact qu'il mit en place.

Mi-rampant, mi-marchant, Frost revint vers le premier wagon, croisant les doigts pour qu'aucun projectile ne percute ses détonateurs. Il s'attaqua à la lourde manille qui accouplait le premier wagon au second. Impossible de la bouger à cause de la force de traction. Frost essaya le couteau Gerber. Ridicule face à la dimension de la pièce métallique.

Une image lui revint en mémoire. La barre de fer brandie par Craymer. Il rentra dans le wagon. La barre était toujours là, à côté du baquet et de la « gégène ». Frost tressaillit involontairement, ressortit avec sa barre et, l'utilisant comme bras de levier, pesa de tout son poids. La manille accepta de s'ouvrir. Epuisé, le Mercenaire tomba assis sur la plate-forme du wagon, lâchant sa barre de fer qui claqua sur les rails dans une gerbe d'étincelles.

Appelés par la pente, les deux wagons partirent à la rencontre du train de Pañero. Frost rentra dans son wagon. Au moment où leur locomotive sortait du défilé, une déflagration titanesque ébranla les parois rocheuses. Frost regarda par la fenêtre arrière.

C'était une vision irréelle. La grosse locomotive se mit en travers du défilé puis, crachant rageusement sa vapeur, roula sur elle-même, comme au ralenti. Entraînés par le mouvement, les wagons s'élevèrent dans les airs puis retombèrent au sol en fouettant la voie comme la queue d'un animal en colère. Puis ils se volatilisèrent en milliers de fragments. Lorsque son train aborda la courbe descendant vers le fleuve, Frost vit des formes humaines tomber en haut du défilé. Les guérilleros fauchés par les morceaux de métal projetés vers le ciel.

Frost avait encore l'œil braqué sur le défilé lorsqu'une secousse à l'avant du train le projeta à terre en même temps que tous les occupants du wagon. Il fit un roulé-boulé en arrière puis reçut sur le corps un énorme Marine suivi d'une vieille fille grisonnante qui était, pensait-il, la secrétaire de John Cockroft. Le wagon était immobile.

Frost se leva, secoua la tête pour retrouver ses esprits et fonça vers l'avant en piétinant quelques corps allongés. Il ouvrit la porte du wagon et se hissa sur le tender. L'avant de la locomotive était arrêté au-dessus du canyon où coulait le fleuve. Frost se mit debout sur le tender pour mieux voir. Il vit les vestiges de l'obstacle qui avait arrêté le train. Des traverses provenant vraisemblablement du pont saboté. Finalement, les guérilleros préféraient prendre Montesinos vivant. Frost hurla :

— Pearlblossom !

Un gémissement lui parvint :

— Là... Ah ! ma jambe...

Les guérilleros étaient en train de descendre de leur perchoir. Malgré le feu nourri, Frost traversa le tender. Il entendit un cri dans son dos :

— Frost ! Arrête ! Tu vas te faire tuer !

C'était Estefania.

— M'en fous ! Si je peux le ramener, je le ramène !

Lorsqu'il atteignit Pearblossom, les yeux du grand gaillard étaient fixes, totalement inexpressifs.

— Hé ! Pearblossom ! Tu me vois ?

— Non, Frost, je ne te vois plus. Il va falloir que tu m'apprennes quelques bonnes histoires de bandeau mais il faudra les adapter pour les deux yeux. Je suis aveugle, mon vieux.

Frost regarda et laissa échapper une exclamation d'horreur.

— Je sais, dit Pearblossom. Pas besoin de voir. Ça fait assez mal pour que je m'en rende compte. Je n'ai plus de jambe. Je suis en train de me vider de mon sang. Ah, Frost, ça fait mal, mal, mal...

Pearblossom se tut. Il était mort.

Au moment où Frost regagnait le wagon et récupérait son CAR-16, un cri retentit à l'extérieur :

— Rendez-vous ou vous serez massacrés !

Les guérilleros s'étaient massés de part et d'autre de la voie. Frost évalua leurs effectifs à une centaine d'hommes, quelques femmes aussi. Il repéra l'origine du cri et abattit l'homme d'une balle entre les yeux tout en criant :

— Feu !

Tous les adultes amassés dans le wagon avaient une arme à la main. Dans le fond, autour des blessés et du général, des hommes avaient dressé une protection avec des cantines métalliques.

Le vacarme du feu était assourdissant. Les guérilleros chargeaient par vagues successives. Frost tirait en semi-automatique pour économiser les cartouches en concentrant son feu sur les plus avancés. En moins d'une minute, il avait déjà vidé la moitié d'un chargeur. Les douilles chaudes des fusils qui l'entouraient lui mitraillaient le visage, les épaules, le dos. Des guérilleros cachés dans le lit encaissé du

Chixoy montaient à l'assaut par l'avant de la machine.

Frost changea de chargeur et se mit à canarder dans cette direction. Il nota avec satisfaction que les autres défenseurs du wagon s'efforçaient comme lui de ne pas gâcher de cartouches.

La première vague d'attaquants était à cinquante mètres du train. Le feu nourri des défenseurs commençaient à tailler de sérieuses brèches dans leurs rangs. Quelques minutes plus tard, ils battirent en retraite.

Une clameur victorieuse s'éleva à l'intérieur du wagon.

— Halte au feu ! cria Frost. Mais ne pavoisez pas trop vite, ils vont revenir.

D'un regard circulaire, il chercha Estefania. Elle était agenouillée près du médecin et l'aidait à panser un homme. Lorsqu'il reporta son regard à l'extérieur, les guérilleros étaient déjà en train de se regrouper. Il profita du court répit pour lancer quelques instructions :

— Ne tirez qu'en semi-automatique. N'utilisez les armes de poing que pour des cibles situées à moins de vingt mètres. Lorsqu'ils arriveront au wagon, concentrez votre feu sur les ouvertures. Si vous n'avez plus de munitions, utilisez les canons de vos fusils comme piques, c'est très efficace.

Il se tut un instant puis ajouta dans le silence général :

— Un dernier conseil, notamment aux femmes. Gardez toujours une cartouche pour vous. Ça vous évitera de tomber vivants entre leurs mains.

Frost fit un tour d'horizon. Les yeux écarquillés

étaient braqués sur lui, les visages figés. Son regard croisa celui d'Estefania, agenouillée maintenant auprès du général. Elle lui adressa un sourire pâlot. Son visage était blême sous ses cheveux aile de corbeau.

Avec des hurlements féroces, les guérilleros lancèrent le deuxième assaut. Frost attendit. Ils étaient à moins de cinquante mètres lorsqu'il donna l'ordre d'ouvrir le feu.

Il repéra un groupe qui tirait une mitrailleuse lourde et essayait de la poster à une centaine de mètres derrière un rocher. Il abattit l'un des guérilleros d'une balle en plein front. L'homme tomba à califourchon sur la mitrailleuse.

Une douzaine de guérilleros avaient franchi le mur de feu. Ils étaient à moins de dix mètres du train. Pas le choix, il fallait aller à leur rencontre. Frost se leva. Près de lui, il vit Nifkawitz faire de même. A eux deux, ils fauchèrent rapidement la moitié des assaillants qui avaient atteint la plate-forme arrière du wagon. Frost sortit, Nifkawitz à ses côtés. Il pressa la détente du CAR-16. Plus de cartouche. Lâchant le fusil, il sortit le High Power coincé dans sa ceinture. Un attaquant sauta sur la plate-forme. Frost tira à bout portant. La tête du guérillero éclata, lui constellant le visage de sang, de cervelle et de débris d'os.

Une autre vague arrivait. Les dents serrées, Frost tira dans le tas. Claquement de culasse, le Browning était vide. Frost plongea le canon dans la gorge d'un homme qui se jetait sur lui. L'attaquant poussa un hurlement hideux, s'arc-bouta sur ses jambes et tomba en arrière dans la rocaille.

L'Américain souffla, rechargea rapidement son automatique. Bandant chaque muscle de son corps, il se remit à tirer. Un cri de douleur s'éleva à sa droite. Il regarda une infirme fraction de seconde. Nifkawitz recula dans le wagon en se tenant la poitrine à deux mains. Frost le rejoignit. Nifkawitz était au sol.

Chargeur vide. Plus qu'un chargeur de treize cartouches pour le Browning. Frost s'accroupit près de Nifkawitz, lui prit son Colt 45 et le vida en direction des guérilleros qui se ruaient vers le wagon en un flot ininterrompu. D'un rapide coup d'œil, Frost inspecta le wagon. Il restait une quinzaine de personnes vivantes à l'intérieur.

Le premier guérillero s'encadra dans la porte. Frost tira. L'homme tomba, immédiatement remplacé par un autre. Frost tira à nouveau, et ainsi de suite. Puis il jura :

— Merde !

Le Browning était vide. Du coin de l'œil, Frost repéra une hache près du cadavre d'un Marine. Il se baissa et saisit le manche. Silencieusement, il pria pour que Estefania soit tuée pendant l'assaut. Il ne lui souhaitait pas d'être capturée vivante. Six guérilleros se bousculaient à l'entrée du wagon. Frost fit tournoyer sa hache. Ils hésitèrent. Puis la poussée en propulsa un à l'intérieur. La hache frappa. La tête éclata comme une noix, éparpillant son contenu sur les hommes qui suivaient.

Grognant et poussant des rugissements de rage, Frost taillait à tour de bras dans la chair humaine. Têtes, membres, cadavres disloqués s'amoncelaient devant la porte. Mais, chaque fois qu'un guérillero tombait, un autre arrivait pour le remplacer. Frost commença à reculer vers l'intérieur du wagon en se maudissant de n'avoir pas gardé deux cartouches : une pour Estefania et une pour lui. Il savait que c'était perdu.

Des explosions se firent entendre au-dehors.

— Des roquettes, murmura Frost entre ses dents.

CHAPITRE XIV

Par-dessus les hurlements des guérilleros, Frost entendait maintenant le Flap-Flap de pales d'hélicoptères. Sans cesser de faire tourner sa hache, il approcha de la fenêtre et regarda le ciel. Estefania s'était levée et regardait aussi. Frost vit qu'elle avait une vilaine blessure à l'épaule.

Une escadrille héliportée de l'armée mexicaine survolait le fleuve. Les secours contactés par Nifkawitz. Déjà, les premiers appareils se posaient. Frost distinguait nettement sur la carlingue l'aigle, emblème du Mexique.

Il ne pouvait pas le croire. Dehors, les guérilleros refluaient vers le défilé. Frost fonça dans le wagon, à la recherche d'une arme chargée. Ecartant les cadavres mutilés, il dénicha un revolver 38 spécial, sûrement l'arme d'un des Marines chargés de garder l'ambassade. En se ruant à l'extérieur, il passa près de Nifkawitz et entendit l'homme de la CIA murmurer faiblement :

— Bousille-les !

C'était bien ce qu'il comptait faire.

L'image de Pearblossom passa devant son œil. Le ventre dévoré par une rage meurtrière, il vida le chargeur du revolver sur un groupe de guérilleros en fuite. C'était la déroute totale chez les assaillants.

Frost trouva un AK-47 près d'un cadavre. Il s'en empara, pressa la détente pour vérifier que le fusil était chargé et s'élança vers le défilé. Il ne courut pas longtemps.

Plus un fuyard en vue. La jambe gauche du pantalon de treillis était imprégnée de sang jusqu'à la cheville. Frost fit encore une cinquantaine de mètre en boîtant puis s'arrêta.

Appuyé sur le fusil comme sur une béquille, il examina les vestiges du train. C'était impressionnant. Des débris jonchaient le sol sur près d'un kilomètre. Frost réalisa que ce n'était pas le goût des représailles qui l'avait amené là mais le désir inconscient de retrouver la dépouille de Pañero. Mais la scène qui s'offrait à sa vue lui fit vite comprendre que c'était peine perdue. Seule la locomotive n'était pas intégralement disloquée. Ailleurs, parmi les plaques de tôle, ferrailles tordues, lambeaux de cuir, morceaux de banquettes arrachées et éclats de verre, ce n'étaient que troncs sans membres, membres sans troncs, tête sans corps, purée sanguinolente.

Frost fit demi-tour et rejoignit les hélicoptères de l'armée mexicaine.

*
**

Le général Montesinos fit circuler une boîte de havanes. Trois autres hommes étaient réunis autour de la table basse.

Frost déclina :

— Non merci, Général. J'ai mon tabac.

— Ah, Hank... On ne vous changera pas..., fit le général en riant.

Nifkawitz accepta, ainsi que le commandant Strauttmann de la police secrète mexicaine. Le général referma la boîte et la posa sur la table en maugréant :

— La seule chose acceptable que Cuba ait jamais exportée... Et dire que je n'y ai plus droit...

Nifkawitz, le bras gauche en écharpe, le cou entièrement couvert par un épais bandage, se ficha le havane entre les dents. Frost alluma son Zippo et se pencha vers lui pour lui offrir du feu.

— Ça ne va pas, non ? fit Nifkawitz, outré. Allumer un *puro* avec ton lance-flammes ? Sacrilège !

Frost prit une Camel et l'alluma à la flamme orange prolongée par un mince filet de fumée noire. La lumière vacillante scintilla dans son œil gris-vert. Strauttmann le regarda de ses yeux bleus délavés. L'homme était de père allemand et de mère mexicaine, d'où ce patronyme et ce curieux mélange de regard pâle et de cheveux presque noirs.

— Capitaine Frost, dit-il. Selon vous, ce Cockroft menait-il une action concertée avec les leaders de la guérilla ou bien était-il un franc-tireur qui savait saisir les occasions ?

— Un peu des deux, vraisemblablement. Mais il me semble que l'aspect financier du trafic de stupéfiants ait été sa motivation essentielle.

— En tout cas, il contribuait sérieusement à inonder le sud des Etats-Unis avec sa camelote, dit Nifkawitz. Nous avons découvert qu'il chapeautait entre cinq et douze livraisons par mois.

Strauttmann laissa échapper un sifflement impressionné, gratta une allumette et alluma son havane. Un épais brouillard planait déjà dans le salon de la suite que Montesinos avait louée à l'hôtel *Monterrey* de Veracruz.

— Qu'est-elle devenue cette héroïne qui vous a valu le coup de la gégène ? demanda Strauttmann.

— Partie en fumée avec le train de Pañero, répondit Frost. Elle était restée dans le wagon de queue quand j'ai largué les amarres.

Nifkawitz s'esclaffa.

— C'est sûrement la première fois qu'on a vu de la neige tomber du ciel dans cette région.

— Et vous êtes sûrs que Pañero était bien dans le train ? s'informa Strauttmann.

Le général intervint.

— Ça m'a été confirmé ce matin. Mancebo a fait mener une enquête médico-légale et son corps a été formellement identifié grâce à sa dentition.

— Ça, c'est une bonne nouvelle, opina Frost. Et la situation ? Vous en avez eu des échos ?

— Le calme est pratiquement revenu à Ciudad de Guatemala. Dès qu'il a été informé de la situation, Mancebo est revenu de Puerto Barrios. Il a aussitôt contacté Llanto qui est monté sur la capitale avec la presque totalité de son corps d'armée.

— Llanto ? questionna le Mercenaire.

— Le général que vous avez vu au palais en

arrivant. Il était également présent aux obsèques d'Esteban.

— Ah oui, je me souviens. Et au palais, puisque nous y sommes ?

— L'intérim est assuré par Laviuda jusqu'à ce que mon état de santé me permette de rentrer.

— A vous regarder, général, on vous l'achèterait, votre santé.

— C'est bien mon avis mais le médecin estime qu'elle ne vaut pas encore bien cher. Défense de prendre l'avion avant trois jours.

Frost tira une bouffée sur sa Camel et apporta sa modeste contribution au cumulo-nimbus qui masquait presque les moulures du plafond. Puis il vida d'un trait la moitié de son *Cuba libre*, s'essuya la moustache d'un revers de manche et se tourna vers Nifkawitz.

— Tu n'as pas eu d'autres détails sur Cockroft ? questionna-t-il. Je suis quand même un peu étonné qu'un type pareil ait pu sévir aussi longtemps.

— Il avait réussi à constituer un réseau très bien organisé avec peu de monde. Mais uniquement des gens placés à des postes-clefs. Il pouvait ainsi exercer son influence à des niveaux très divers au sein du Département d'Etat.

— D'où l'intervention de Halston à Coire ? demanda Frost. Parce que si j'ai bien compris, c'était un type parfaitement régulier.

— Tout à fait, assura Nifkawitz. D'ailleurs, je ne vois pas pourquoi tu en parles au passé. Il est toujours bien vivant et a gardé son poste à Zurich.

— La déformation professionnelle, sans doute..., laissa tomber Frost, l'œil plissé par un petit sourire. Mais je me demande quand même pourquoi Cockroft tenait tant à me voir intervenir.

Nifkawitz tourna péniblement la tête pour le regarder. Tout en agitant les cubes de glace dans son scotch, il lui souffla au nez une épaisse volute de fumée odorante.

— Ça, répondit-il, je n'irai pas jusqu'à dire que c'est une colle, mais presque. A vrai dire, la Company a une hypothèse. Et je crains qu'elle reste à tout jamais au stade de l'hypothèse.

— Accouche, lança le Mercenaire. Oh... excusez-moi, Général.

— Enfin, Hank, voyons... J'ai fait mon service militaire, moi aussi.

Un sourire passa sur les quatre visages qui entouraient la table. Nifkawitz se pencha pour poser son verre et reprit :

— En fait, on pense que Cockroft t'avait jaugé d'après ta réaction à la proposition de Halston. Il devait être clair dans son esprit que tu ferais passer en priorité la sécurité du général. En t'ordonnant de quitter le Guatemala, il savait que tu l'emmènerais avec toi de gré ou de force.

Frost décocha un regard embarrassé à Montesinos.

— Allons, Hank, fit le général. Je ne vous en veux plus. Au contraire, j'ai très bien compris que votre intention était de me protéger.

La porte s'ouvrit et Estefania entra dans la pièce. Nu-pieds sur la moquette, elle était vêtue d'un peignoir jaune en tissu éponge. Ses longs cheveux noirs mouillés firent renaître un agréable souvenir à l'esprit du Mercenaire.

— Quelle tabagie, là-dedans ! s'exclama-t-elle, *Tío*, on t'avait pourtant bien dit de ne pas fu...

Le regard d'Estefania venait de tomber sur le groupe d'hommes. Ses joues virèrent au rouge brique.

— Oh pardon ! Je ne savais pas que vous étiez en conférence.

Les prunelles cachou se tournèrent vers Frost qui capta un clin d'œil imperceptible.

— Je vous laisse, dit Estefania. A demain, *Tío*.

— A demain, dit le général.

Nouveau clin d'œil subtil et la jeune fille s'éclipsa.

Frost reprit :

— Ça n'explique pas pourquoi il voulait que je kidnappe le général.

— Pour l'entraîner vers un coin tranquille où ses amis guérilleros auraient pu lui mettre la main dessus.

— En un mot comme en cent, je me suis fait avoir comme un bleu.

— Non, affirma Nifkawitz puisque c'est toi qui as eu le dessus.

— Reste encore une question, enchaîna Strauttmann. Pourquoi certains mercenaires ont-ils retourné leur veste ?

— Ça..., dit Frost. Je crois que personne ne trouvera jamais l'explication. Nifkawitz, toi qui les as côtoyés de près, tu avais remarqué quelque chose ?

— Pas ça ! répondit Nifkawitz en faisant claquer l'ongle de son pouce sur ses dents du devant.

Le général sortit un papier de sa poche, le déplia et déclara :

Attendez... Que je consulte mes notes... Voilà. D'après ce que m'a dit Mancebo, les corps des dénommés Bilstein, Fledgette, Craymer, Shoerdell et Santarelli ont été retrouvés dans le Petén et identifiés. Chacun d'eux avait sur lui, dans une enveloppe, la somme de cinq mille dollars en monnaie américaine.

— Incroyable..., murmura Nifkawitz. Cockroft les avait soudoyés. Je me suis rallié à eux au dernier moment et personne ne m'avait rien dit.

— Ouais, grogna Frost. Ça ne rehausse pas le prestige de la profession.

— Allons, allons, Frost. Tu ne vas pas nous faire ta grosse déprime !

— Je vais essayer, dit Frost.

Il se leva, prit son verre, le vida et ajouta :

— Messieurs, je me sens un peu fatigué après la journée d'hier. Je vais me coucher. Bonsoir.

Il écrasa sa Camel, fit le tour des poignées de mains et sortit.

Arrivé à la chambre qu'il occupait à l'étage supérieur, Frost se déshabilla, s'allongea sur le lit et ouvrit un journal.

Son contrat était terminé. Il était libre et avait soixante-cinq mille dollars sur son compte bancaire, la plus grosse somme qu'il eût jamais possédée. Tout allait pour le mieux dans le meilleur des mondes et pourtant, il ne se sentait pas vraiment bien.

On frappa à la porte.

— Qui est là ? demanda Frost.

— Estefania.

Il alla ouvrir. La jeune fille le regarda et s'exclama :

— Toi, tu m'attendais !

Estefania lui posa les mains sur la poitrine et le fit reculer. Il tomba à la renverse sur le lit. Elle s'assit près de lui et commença à le caresser.

— Attention, dit Frost. Je ne suis pas sûr que ça marche bien depuis l'électrochoc.

— D'après ce que je vois, fit Estefania, ça marche encore.

Frost l'attira à lui et enfouit la tête dans sa poitrine.

Elle lui caressa doucement les cheveux. Sa main s'arrêta sur les petites aspérités maintenant familières et elle murmura :

— Dis donc, Hank. Il va falloir penser à faire enlever ces fils.

— Oui, répondit le Mercenaire. J'y vais demain. Je suis juste dans les temps.

SERVICE ACTION

par Paul Vence

Au Service Action,
tout le monde connaît Robert Skal.
Il appartient au Groupe Ecarlate,
l'élite du contre-espionnage français.
Les hommes apprécient son courage,
les femmes son charme slave...
Mais quand la France est en danger,
il est impitoyable.
Comme un squale.

Chez votre libraire :

N° 1 K COMME KARNAVAL
N° 2 OPÉRATION JACARANDA
N° 3 TORPILLES SUR LE KGB
N° 4 PLAN GALILÉE
N° 5 CLASH À ZAGORA
N° 6 COUP DUR À KOUROU
N° 7 L'AFFAIRE TIBERMANN
N° 8 CHOC À BRISBANE
N° 9 L'ESPIONNE DE BAGDAD
N° 10 EXÉCUTION À NEW ORLEANS
N° 11 SOS FAUCON BLEU

Achevé d'imprimer en mai 1984
sur les presses de l'Imprimerie Bussière
à Saint-Amand (Cher)

— N° d'édit. 11199. N° d'imp. 1145. —
Dépôt légal : mai 1984.

Imprimé en France